AF495645

# TRAITÉ
## DU JEU
# DE TRICTRAC

NOUVELLE ÉDITION
*augmentée*
## DU JEU DU JACQUET

PAR
RICHARD

LE PLUS GRAND COUP QU'ON PUISSE FAIRE AU TRICTRAC

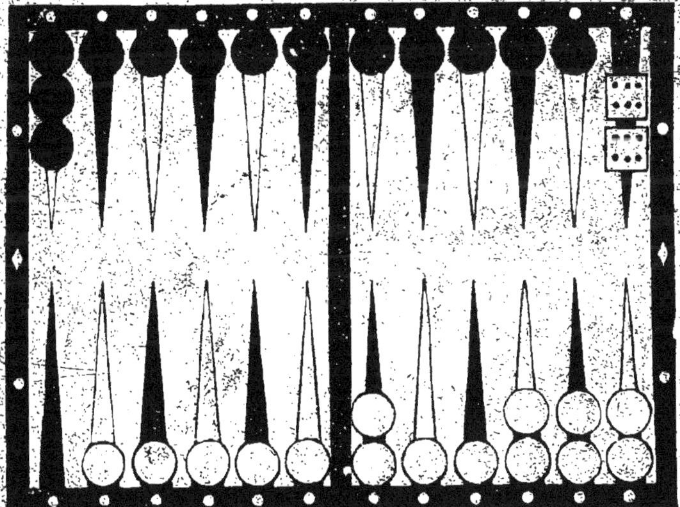

PARIS
DELARUE, LIBRAIRE-ÉDITEUR
3, RUE DES GRANDS-AUGUSTINS, 3

# TRAITÉ

DU JEU

# DE TRICTRAC

## LE TABLIER

### OU TABLE DE TRICTRAC

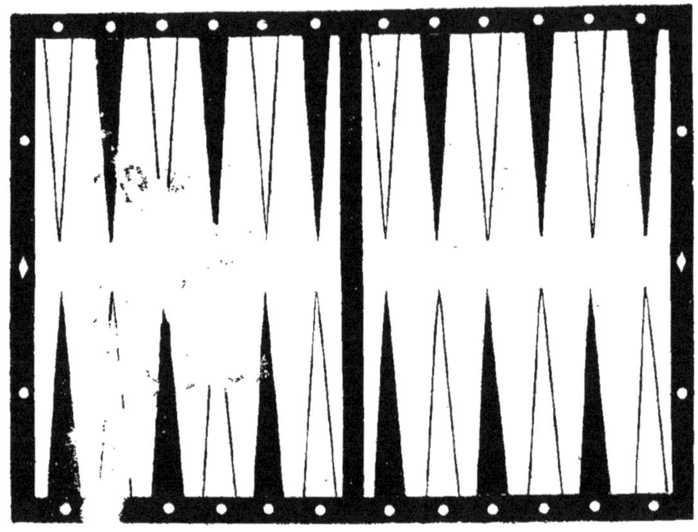

## LE TRICTRAC

### POSITION DES DAMES AVANT DE COMMENCER UNE PARTIE

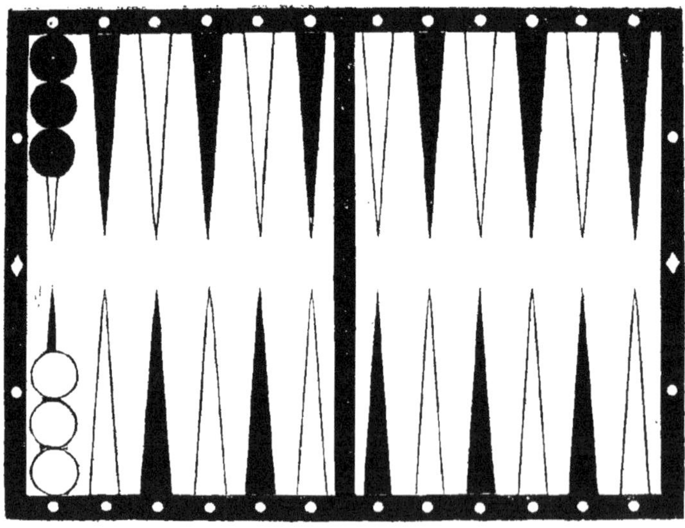

# TRAITÉ
## DU JEU
# DE TRICTRAC

NOUVELLE ÉDITION

*augmentée*

## DU JEU DU JACQUET

PAR

RICHARD

LE PLUS GRAND COUP QU'ON PUISSE FAIRE AU TRICTRAC

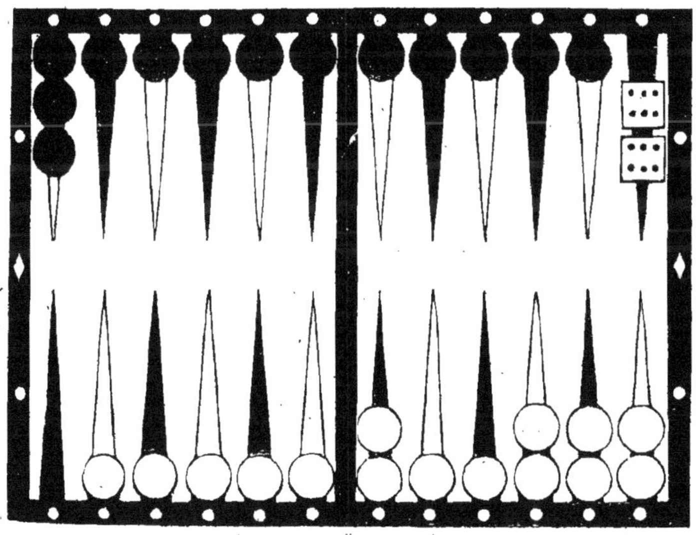

PARIS

DELARUE, LIBRAIRE-ÉDITEUR

3, RUE DES GRANDS-AUGUSTINS, 3

## ON TROUVE CHEZ LE MÊME LIBRAIRE

---

### OUVRAGES SUR LES JEUX

BILLARD

LEMAIRE (Désiré). *Manuel du jeu de billard*, contenant : la théorie du jeu de billard, ses règles, ses principes généraux, leurs applications diverses, etc., précédé d'une préface historique par Jules Rostaing. 42 planches. 5 fr. et 5 fr. 50 *franco* par la poste.

DAMES

MANOURY. *Traité du jeu de dames*. Édition augmentée de nombreuses figures pour faciliter l'intelligence du texte. Un joli volume in-12, 1 fr. et 1 fr. 25 *franco* par la poste.

ÉCHECS

PHILIDOR. *Analyse du jeu des échecs*. Nouvelle édition, avec 50 planches, coups difficiles, fins de parties, etc. 3 fr. 50 et 4 fr. *franco* par la poste.

STEIN. *Manuel de l'amateur du jeu des échecs*. Un beau volume, avec figures. 5 fr. et 5 fr 50 *franco* par la poste.

STAMMA. *Le jeu des échecs*. In-12, 103 figures. 5 fr. et 5 fr. 50 *franco* par la poste.

DAMIANO. *Livre pour apprendre à jouer aux échecs*. Traduction nouvelle par C. Sanson, 90 figures. Un fort joli volume, 1 fr. 50 et 1 fr. 75 *franco* par la poste.

VÊTU (M. l'abbé). *Leçons élémentaires sur le jeu des échecs*. 2 volumes, 125 planches en couleur, 6 fr. et 6 fr. 80 *franco* par la poste.

UNE SOCIÉTÉ D'AMATEURS. *Traité théorique et pratique du jeu des échecs*. 3e édition. 4 fr. 50 et 5 fr. *franco* par la poste.

DE LA BOURDONNAIS. *Nouveau traité du jeu des échecs*. 1 volume in-8, 60 planches. 25 fr. et 26 fr. *franco* par la poste.

Ouvrage épuisé, très-rare.

# AVANT-PROPOS

e Jeu de trictrac tient, on le sait, une place fort honorable parmi les jeux sérieux, il est, avec le jeu des échecs, ainsi qu'avec le jeu de dames, un amusement pour les personnes qui cherchent à se distraire des travaux de l'esprit, il demande moins de combinaisons que le jeu des échecs et il l'emporte sur le jeu de dames par la préférence que lui a toujours accordée la haute société.

Le Trictrac a peut-être un peu perdu de cette préférence depuis que le whist a fait son entrée dans le monde, mais on joue encore beaucoup au Trictrac et l'on y jouera pendant bien longtemps encore.

Nous nous abstiendrons de rappeler ici ce qui a été dit touchant l'origine de ce jeu, nous ne dirons pas s'il nous est venu du nord ou du midi, des Grecs ou des Romains, nous pourrions peut-être, à force de dissertations, arriver à une conclusion négative, peut-être aussi, en y mettant un peu de bonne volonté, le faire venir de quelque contrée de l'Asie, attribuer son invention à quelque *Palamède*, et alors nous exposer à commettre une grosse erreur, sans beaucoup intéresser le lecteur.

Notre ambition d'ailleurs se borne à offrir aux personnes qui veulent acquérir les premières connaissances de ce jeu, et cela dans un cadre fort restreint, la conduite d'une partie pour la mener à bonne fin, les règles et les termes en usage; à cela nous avons ajouté un assez grand nombre de figures, ce qui permettra de se rendre, à première vue, un compte exact de ce que donne la description, relativement à la place que les dames doivent occuper.

Puisse ce petit traité (1) mériter les suffrages des débutants auxquels il s'adresse et aussi être utile aux personnes qui auraient un renseignement à trouver relativement aux règles du Trictrac.

---

(1) Les personnes qui voudraient acquérir une connaissance plus complète du jeu de trictrac pourraient se procurer l'un des ouvrages rappelés ci-après :

1° *Traité complet du jeu de trictrac.* Un volume in-8, avec planches. Prix : broché, 10 fr.

2° *Le grand trictrac.* Un volume in-8, avec 260 fig. Prix : 10 fr.

Paris, chez Delarue, libraire-éditeur, 3, rue des Grands-Augustins.

Ces deux ouvrages ne se trouvent que d'occasion, soit brochés, soit reliés.

Pour recevoir l'un ou l'autre, *franco* par la poste, ajouter 75 centimes au prix de l'ouvrage et envoyer le montant en timbres de 25 centimes, ou en un mandat sur la poste.

# TRAITÉ

## DU JEU

# DE TRICTRAC

## CHAPITRE PREMIER

### INSTRUCTIONS PRÉLIMINAIRES SUR LE JEU DE TRICTRAC

Ce jeu tire son nom du bruit qu'on fait en y jouant.

On joue au Trictrac sur une table appelée *tablier*, ce que tout le monde connaît.

Voici en quoi consiste le tablier :

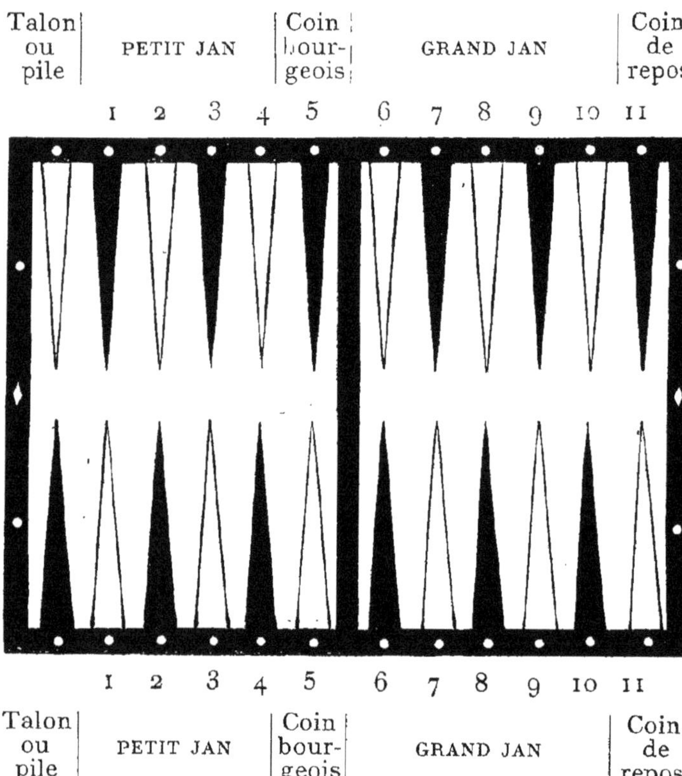


On joue avec quinze dames de chaque côté, de deux couleurs différentes; deux dés, trois jetons pour marquer les points, et deux fichets pour mettre dans les trous qu'on gagne, servent à jouer au Trictrac.

On commence ce jeu par faire chacun trois

*piles* [63] (1) de dames, qu'on pose sur la première *flèche* [40] du Trictrac ; de façon que celui pour lequel on a de la considération ait les siennes à droite. Lorsqu'un homme joue avec une Dame ou une Demoiselle, il est d'usage et de la politesse de lui donner les noires.

Par le même principe, on donne le choix des cornets et l'on présente les dés à la personne pour laquelle on doit avoir de la déférence, on jette les dés sur le tablier, et celui qui a de son côté le dé qui marque le plus haut point gagne la primauté et joue les points de ce premier coup.

Parmi les différents coups de dés qu'on peut faire, les *doublets* ont des noms particuliers qu'on ne peut se dispenser de savoir.

### *Doublet.*

On appelle *doublet* tout coup dont les points sont semblables, et *simple* ou *coup simple*, tous les autres dont les points sont inégaux.

Doublet d'as, ou rafle d'*as* s'appelle *Ambezas*, *Bezet* et *Bézas*, etc.

(1) Les chiffres entre crochets renvoient au vocabulaire page 75 et suivantes.

⚁ ⚁

Doublet de deux, s'appelle *Double deux* ou *Tous les deux.*

⚂ ⚂

Doublet de trois, se dit *Ternes* et par dérision *lanternes,* etc.

⚃ ⚃

Doublet de quatre, s'appelle *Carmes :*

⚄ ⚄

Doublet de cinq, s'appelle *Quines.*

⚅ ⚅

Doublet de six, s'appelle *Sonnez,* etc.

On ne dit jamais *rafle* au Trictrac et tout coup de deux points égaux est appelé *doublet.*

Il faut avoir soin que les dés aillent donner contre la bande du Tablier du côté de l'adversaire pour éviter les abus qui pourraient se produire si les dés tombaient mollement.

Si l'un des dés se trouvait incliné et qu'il y ait lieu de douter si le coup est valable ou non, il faudrait que celui qui l'aurait jeté pût couvrir avec l'autre celui des dés qui ne serait pas placé solidement, car dans le cas contraire ce serait à recommencer.

Il est permis à un Joueur de rompre les dés de l'adversaire en y portant la main, mais seulement si l'on n'a pu compter aucun des points, à moins de convention contraire.

Si les dés sortent du Tablier, ou vont sur le bord, quoique bien posés, ils ne comptent pas, la règle veut qu'ils soient dans l'enceinte du Tablier. Cependant le coup serait bon si le premier de ces dés allait dans une moitié du Tablier et l'autre dans la suivante.

Il est permis d'arrêter avec le fond du cornet un dé qui pirouetterait sur un de ses angles, mais il est préférable de le laisser s'arrêter de lui-même.

## *Comment les points sont nommés.*

L'usage veut que celui qui joue nomme ses points, il comptera ainsi deux et as, trois et deux, quatre et trois, et ainsi de suite, en annonçant le point le plus élevé en premier ; on ne dira donc pas : *cinq* et *six*, mais *six* et *cinq*. Les doublets: *double as, double deux*, etc., etc.

D'abord il est à propos, suivant ce que portent les dés, de jouer deux dames de ses *piles* sur les *flèches* qui répondent aux nombres de ces mêmes dés, ce qu'on appelle *abattre du bois* [1] ; on joue autrement, si l'on veut, en n'abattant qu'une dame, ce qui se dit *jouer tout d'une* [88], la même chose se pratique à l'égard de tous les autres nombres qu'on peut

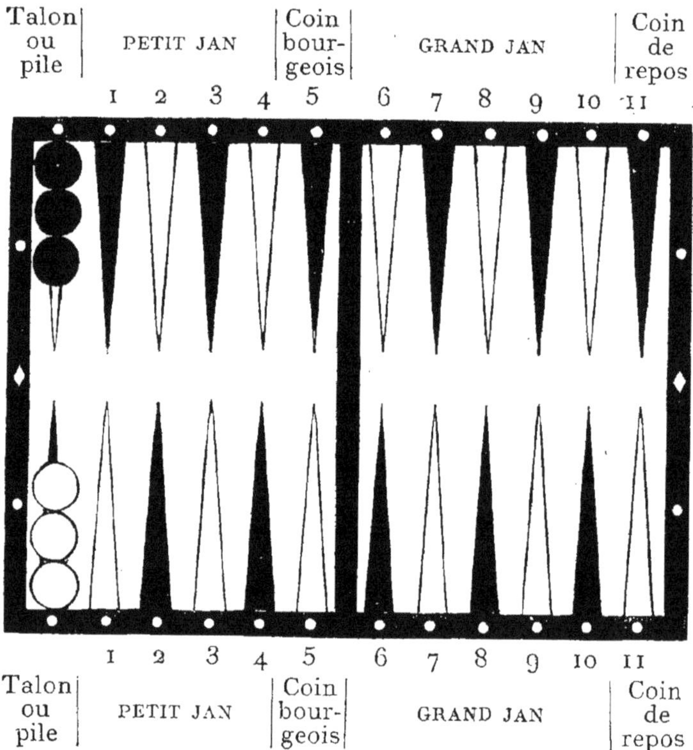


exprimer en jouant *tout d'une*, si vous en exceptez *sonnez*, et *six cinq*, qu'on doit abattre absolument, parce que les règles du jeu ne permettent point de mettre une dame seule dans son *coin de repos* [19], encore moins dans celui de l'adversaire.

Il est presque toujours de l'intérêt du joueur de commencer par faire des *cases* [12]. On commence d'abord à *caser* dans la première *table* [81], où les dames sont en *piles ;* on passe ensuite dans la seconde, où est le *coin de repos*.

Lorsqu'on joue ses dames, on ne doit jamais compter les *flèches* d'où elles partent, soit qu'on *abatte du bois*, ou qu'on joue les dames abattues.

La *marche* [52] s'apprend facilement, en observant que le nombre *pair* va toujours de *flèche* blanche en *flèche* blanche, et le nombre *impair* de *flèche* blanche en *flèche* noire, et également de *flèche* noire en *flèche* blanche.

La *partie de Trictrac*, autrement dite le *Tour* [85], est de douze trous. A mesure qu'on les prend, on les marque sur les *bandes* [5] du Trictrac trouées des deux côtés vis-à-vis chaque *flèche*. Si l'un des joueurs les prend de suite sans que l'adversaire en ait pris aucun, cela s'appelle gagner une *partie bredouille* [10] cependant elle ne se paye double que lorsque les joueurs en sont convenus avant de commencer.

Il faut, pour marquer un trou, avoir gagné douze points ; les points que l'on gagne se marquent avec les jetons au bout et devant les *flèches* du Trictrac, savoir : deux points devant la *flèche* de l'as, quatre points entre la *flèche* du trois et celle du quatre, six points contre la bande de séparation devant la *flèche* du six, huit points dans la seconde table près la bande, dix points devant la *flèche* du dix ou près la bande du fond : à l'égard des douze points qui font le trou, *partie simple* [57], ou *double*, ils se marquent avec le fichet sur la *bande* du Trictrac, à commencer du côté où les dames sont en *piles*.

Le premier qui marque ne se sert que d'un jeton ; quand il a gagné douze points, sans être interrompu par l'adversaire, il marque deux trous, ce qui se nomme *partie bredouille* [56].

Celui qui gagne des points en second les marque avec deux jetons ; quand il en prend douze sans interruption, il marque de même deux trous, *partie bredouille ;* lorsqu'il est interrompu, l'adversaire, en marquant les points qu'il gagne, lui ôte un de ses jetons, ce qui s'appelle *débredouiller* [30]. Il est de la bienséance de se *débredouiller* soi-même, sans attendre que l'adversaire le fasse. Pour lors, celui qui parvient le plus tôt au nombre de douze points ne marque qu'un trou, ce qui s'appelle *partie simple.*

Le joueur qui marque un ou deux trous, non-seulement efface tous les points qu'avait l'adversaire avant le coup de dés, mais encore [s'il juge à propos de tenir] conserve ce qu'il a de points au delà des douze pour le trou. Il peut cependant arriver que du même coup l'adversaire soit *battu-à-faux* [7] : pour lors il marque de son côté en *bredouille* les points qui lui sont donnés.

Celui qui a gagné un ou deux trous de son dé a la liberté de *s'en aller* [3], c'est-à-dire de lever les dames qu'il *empile* de nouveau, pour recommencer à les *abattre*, et faire de nouveaux *pleins* [62], jusqu'à ce que l'un des deux ait gagné le *tour* ou *la partie complète* du Trictrac : en s'en allant, il ne se conserve aucun des points qui lui sont restés ; de même il efface ceux de l'adversaire, qui ne marque jamais, qu'après le coup joué, ceux qu'il gagne *battu-à-faux*, autrement dit, *par jan-qui-ne-peut* [44]. Si au contraire les points qu'il gagne et qui lui font marquer le trou proviennent du dé de l'adversaire, il ne peut *s'en aller*, et il conserve tous les points qui lui restent au delà des douze, qui lui ont fait marquer le trou.

# CHAPITRE II

## DES JANS

On compte huit jans au Jeu de Trictrac.

Le 1er est le jan de trois coups.
Le 2e — le jan de deux tables.
Le 3e — le contre-jan de deux tables.
Le 4e — le jan de méséas.
Le 5e — le contre-jan de méséas.
Le 6e — le petit jan.
Le 7e — le grand jan.
Le 8e — le jan de retour.

### *Du jan de trois coups.*

Le *jan de trois coups,* autrement dit *jan de six tables*, se fait quand en trois coups, en commençant la partie et toutes fois qu'on recommence après avoir *levé* [50] toutes les dames, on *abat* six dames de suite, savoir : cinq dans la première *table*, et une dans la seconde à la première *flèche*, comme dans la figure ci-après, en observant qu'on n'est point obligé de faire ce *jan*, si l'on ne veut; il suffit qu'on ait amené du troisième coup le nombre convenable, pour qu'il vaille quatre points : et pour lors on fait la *case* qui paraît la plus avantageuse dans la *table* du *grand jan* de deux des quatre dames abattues dans la table du *petit jan*.

Ainsi, le joueur qui a les dames noires a d'abord fait cinq et quatre, puis trois et un; il fait maintenant six et deux, lesquels trois coups joués *tout-à-bas* couvrent naturellement les six premières flèches en partant du talon.

Il marque quatre points de son *jan de retour* et joue son coup *tout-à-bas* en C, G.

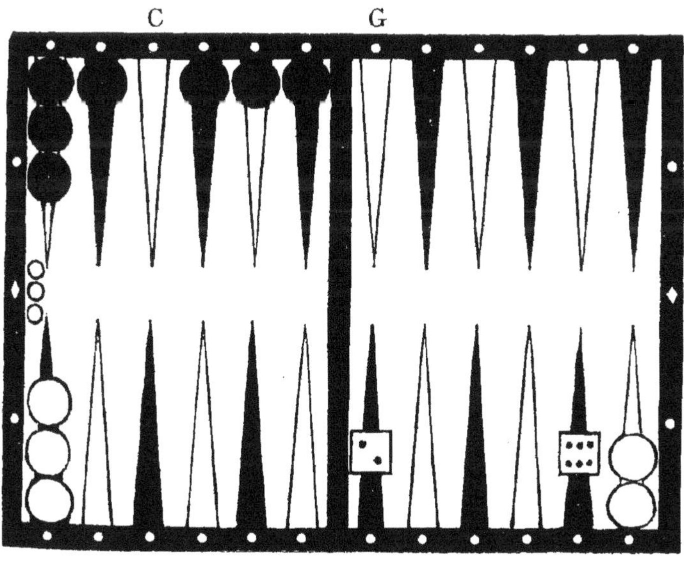

### *Du jan de deux tables.*

Le *jan de deux tables* se fait lorsqu'on n'a que deux dames abattues, l'adversaire n'ayant point son *coin* [19], et que les nombres des dés du joueur vont, l'un, de l'une de ses dames à *son coin*, et l'autre, de son autre dame à celui de l'adversaire : ce coup vaut quatre points par *simple*, et six par *doublet;* et l'on abat d'autres dames des *piles;* car on ne peut prendre son *coin* qu'en y mettant deux dames à la fois, et l'on ne peut en mettre ni une, ni deux dans celui de l'adversaire.

Chaque joueur peut faire ce *jan* une fois seulement, et le premier qui le fait n'empêche pas le second de le faire après, pourvu qu'il n'ait aussi que deux dames abattues, que les deux *coins* soient vides et que les nombres de ses dés aillent, l'un, d'une dame à son *coin*, et l'autre, de son autre dame à celui de l'adversaire, ce qui s'appelle battre *les deux coins.*

### *Du contre-jan de deux tables.*

Le *contre-jan de deux tables* se fait lorsqu'on *bat-à-faux* les deux coins, c'est-à-dire lorsque le joueur n'a que deux dames à bas, et alors que l'adversaire a déjà pris son *coin*, l'un des nombres de ses dés va, de l'une de ses dames, à son *coin* vide, et l'autre nombre, de son autre dame, au *coin* garni de l'adversaire : pour lors il perd quatre points par *simple*, et six par *doublet*. Ce coup n'arrive que très-rarement et ne peut arriver, ainsi que le *jan de deux tables*, qu'une fois par partie au commencement du jeu, parce qu'il n'a plus lieu lorsqu'on a plus de deux dames abattues.

### *Du jan de méséas.*

Le *jan de méséas* se fait lorsque ayant pris son *coin*, sans avoir d'autres dames abattues, l'adversaire n'ayant pas le sien, on amène

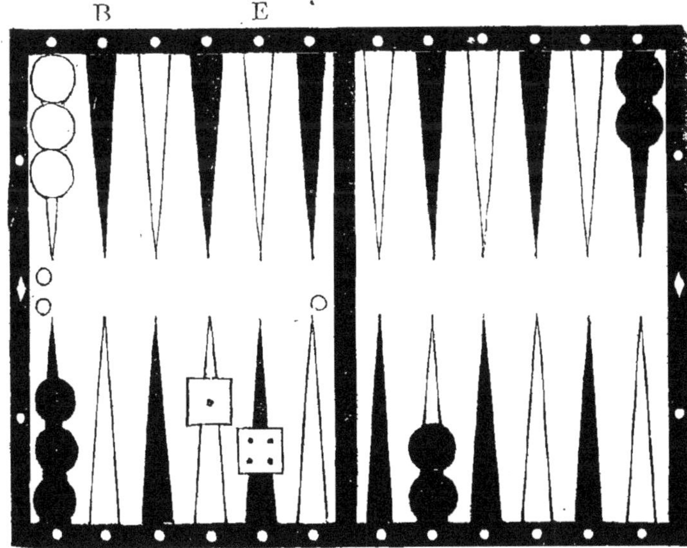

un ou deux as : ce coup vaut, dans le premier cas, quatre points, et six dans le second par *doublet*.

Le joueur amène quatre et as, il marque quatre points pour ce coup et joue ensuite *tout-à-bas* en B, E pour étendre son jeu.

### *Du contre-jan de méséas.*

Le *contre-jan de méséas* est rare : il se fait quand le joueur, ayant son *coin*, sans avoir d'autres dames abattues, et l'adversaire le sien, amène un ou deux as, auquel cas on perd quatre ou six points.

### *Du petit jan.*

Le *petit jan* aurait, suivant un auteur ancien, été ainsi nommé parce qu'on n'y fait que cinq cases, par opposition au *grand jan* et au *jan de retour* où l'on en fait six, la raison pour laquelle on ne fait que cinq cases dans le *petit jan* ou dans la première table, quoiqu'il y ait six flèches comme dans les autres, est que l'on ne compte pas le *talon* ou la première *flèche* pour une *case*, puisque l'as se met sur la *seconde flèche*, le deux sur la troisième et le cinq sur la sixième où se fait le *coin bourgeois*, près de la bande de séparation des deux tables; mais il est à remarquer que l'on ne compte ces *flèches* que comme les points que l'on amène, c'est-à-dire que l'on nomme *première flèche* celle où l'on met l'as, *seconde flèche* celle où l'on met le deux et ainsi des autres, d'où il suit, bien évidemment, que le *coin bourgeois* ne se fait que sur la *cinquième flèche*.

Quoique le talon ne soit pas compté pour une *case*, puisqu'on ne commence à compter la première que de la seconde *flèche* où l'on met l'*as*, il faut cependant que ce talon soit garni au moins de deux dames pour faire son *petit plein*, ou pour le conserver, parce que sans cela le *plein* n'aurait pas lieu.

Le *petit jan* ou *petit plein* se fait dans la première table où sont les *piles* de dames en commençant : on le fait assez commodément, quand on n'amène que du petit jeu, comme *bezet*, deux et as, trois et as, etc.

Pour peu que les dés amènent du gros jeu, il ne faut pas s'y arrêter.

Quand on *remplit* [67] d'une façon par *simple*, ce coup vaut quatre points, et six par *doublet* : si l'on *remplit* de deux façons par *simple*, on gagne huit points, et par *doublet* douze points.

Le joueur qui a les dames noires amène

trois et as; ce coup est heureux, car il remplit son *petit jan*. Avant de jouer son coup il doit marquer quatre points pour son *plein*, après quoi il joue *tout-à-bas* en B, D, sans pouvoir s'en dispenser sous peine de faire *école*.

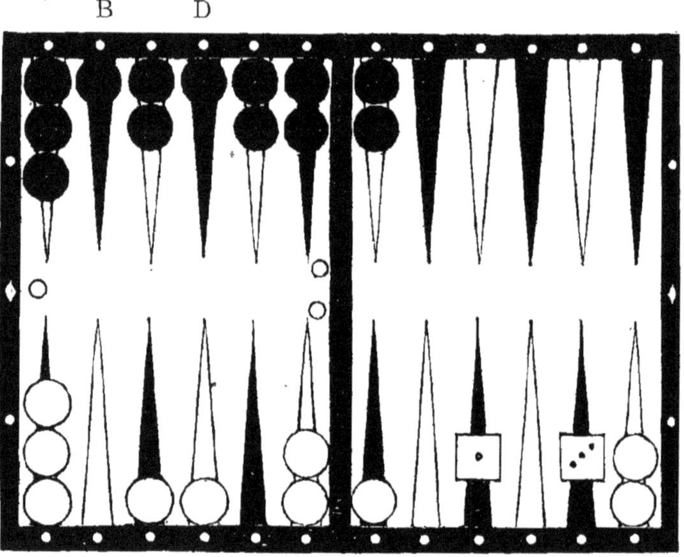


On peut aussi *remplir* de trois façons, ce qui vaut autant que le *double doublet*, c'est-à-dire douze points.

Il est de prudence, quand on a gagné un ou deux trous de son *petit jan*, de *s'en aller*, particulièrement lorsque l'adversaire a son jeu bien avancé, c'est-à-dire beaucoup de dames dans sa seconde *table*, avec lesquelles il *battrait* [6] celles que le joueur aurait découvertes, et son *coin*, s'il avait le sien, et le forcerait de passer l'une de ses dames dans la table de son *petit jan*, où elle serait *battue*, et pourrait empêcher, ou du moins ôterait la facilité de faire le *grand jan*, parce qu'on aurait une dame de moins.

On ne peut, pour conserver son *petit jan*, prendre son *coin de repos* par *puissance* [19], en jouant *quines* pour *sonnez;* les règles de ce jeu étant qu'on ne doit pas prendre son *coin* par *puissance*, lorsqu'on peut le prendre par *effet* [37]. On est donc obligé de *rompre* [74], à moins qu'il n'y ait *passage libre* [58] dans la table du *grand jan* de l'adversaire, pour passer dans celle de son *petit jan :* encore ne peut-on y passer que dans le cas où il ne peut plus faire son *petit jan* ou *petit plein*.

Celui qui *s'en va* a le dé pour recommencer.

### *Du grand jan.*

Le *grand jan* peut être ainsi appelé, non-seulement parce qu'on y fait six cases par opposition au *petit jan*, où l'on n'en fait que cinq, le talon y tenant lieu de la sixième, ainsi qu'il est dit dans le paragraphe précédent ; mais aussi parce que d'une seule *tenue* dans le *grand jan* on peut faire le *tour* entier du Trictrac et finir la partie : au lieu qu'il arrive rarement qu'on puisse prendre plus de deux ou trois trous dans le *petit jan* et dans le *jan de retour*, sans être obligé de *s'en aller* et de recommencer. C'est, on le voit, dans le *grand jan* que se font les plus grands coups.

Le *grand jan* se fait dans la seconde table, et se nomme aussi *grand plein;* quand on *remplit* d'une façon, par *simple*, on gagne quatre points : de deux façons, huit points, et de trois façons douze points.

D'une façon, par *doublet*, six points : de deux façons, ou *double doublet*, douze points; on ne peut *remplir* de deux ni de trois façons, que lorsqu'il ne s'en faut que d'une dame qu'on ait son *plein*.

Le Joueur qui a les noires amène double deux; il *remplit* de deux façons, par *doublet :* c'est six points pour chaque façon, *un trou* sans bouger, et comme il est en *bredouille*, ce sont deux *trous* sans bouger qu'il marque, et voulant tenir, joue *transport* de D en H, pour *remplir*.

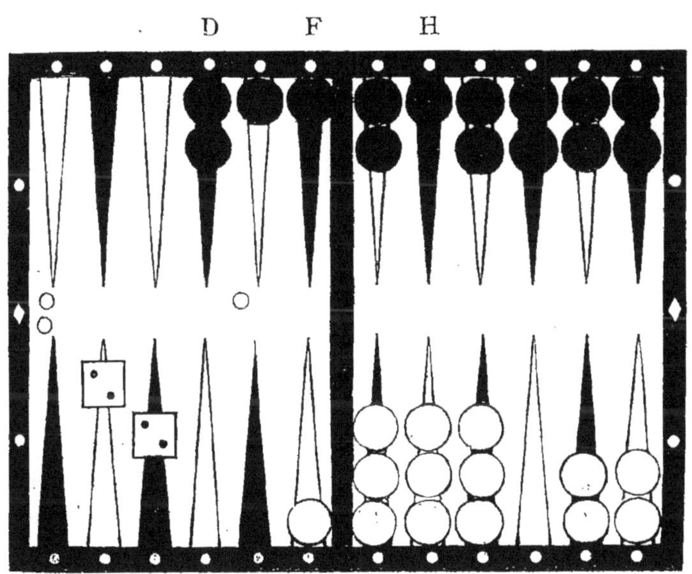


On appelle remplir d'une façon, lorsqu'on ne peut mettre sur la dame qui est la seule *découverte* [25] dans la table du *grand jan*, qu'une seule des autres dames; quand bien même on rassemblerait les nombres des deux dés.

On *remplit* de deux façons, lorsqu'on peut mettre deux dames sur celle qui est découverte, c'est-à-dire amenant cinq et as, on peut remplir du cinq et de l'as séparément.

Enfin, *remplir* de trois façons est lorsqu'on peut mettre trois dames sur celle qui est découverte, une de chacun des points des dés séparément, et la troisième des points des deux dés joints ensemble, ce qui arrive, par exemple, lorsqu'on amène cinq et as, et qu'on *remplit* de l'as, du cinq, et du cinq et as.

Amenant quatre et trois, on peut aussi *remplir* de trois façons : du trois, du quatre, et du quatre et trois, et ainsi des autres nombres.

*Grand jan rempli de deux façons par* DOUBLET

H

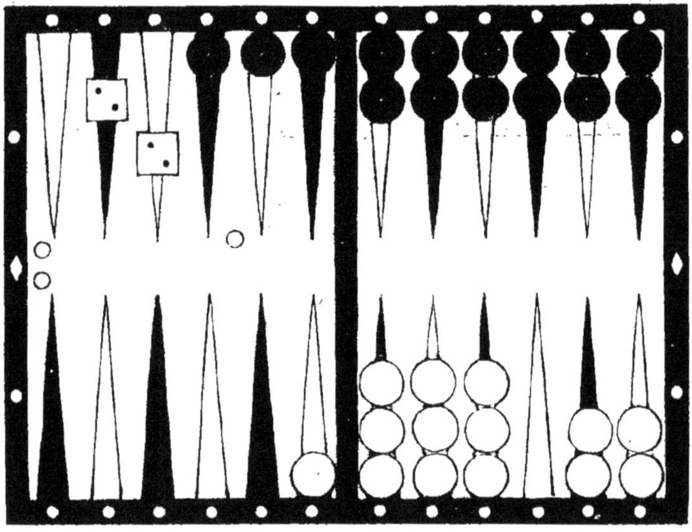

*Remplir* par *doublet* d'une façon, est, lorsqu'on ne peut mettre qu'une dame sur celle qui est découverte, en rassemblant même les points des deux dés; on peut aussi *remplir* par *doublet* de deux façons, autrement dit, par *double doublet*, amenant *ternes*, et *remplissant* du trois et du six; ou bien amenant *double deux*, et *remplissant* du deux et du quatre. Cette explication doit aussi servir pour le *petit jan* et le *jan de retour*.

On peut remplir de deux façons par *doublet*, quand il ne manque qu'une dame au *plein*, et que parmi celles qui restent à jouer il s'en trouve deux qui peuvent également l'une et l'autre venir occuper cette place par le moyen du *doublet* qu'on a fait. Par exemple, on a vu qu'il manquait au joueur qui avait les dames noires une dame en H, pour remplir son *grand jan*, elle a fait *double deux*, et a pu remplir de F, par *deux*, et de D, par *deux* et *deux*. Voilà ce qu'on appelle remplir de deux façons par *doublet*. Le joueur a marqué six points pour chaque dame qui peut remplir, quoiqu'on n'en mette qu'une.

Mais si ce même joueur n'avait point de dame en D ou en F, il ne remplirait que par *doublet*. De même, s'il lui manquait toute la case H et qu'il fît *carme*, il ne remplirait que par *doublet*, parce qu'il lui faudrait les deux dames D pour remplir.

S'il manquait deux dames au *plein*, la première qu'on y met ne compte pas, ce n'est que la dernière qui remplit.

Pour se procurer l'avantage de *remplir* de plusieurs façons, il est bon de mettre une dame seule sur l'une des *flèches* du *grand jan*, lorsqu'il ne reste plus que cette *demi-case* [12] à faire, et principalement lorsque l'adversaire n'a rien, ou trop peu de points, pour qu'il puisse, quelques dés qu'il amène, gagner le trou.

Dans d'autres circonstances, on doit en user de même, pour ne pas perdre son jeu, au risque de donner un ou deux *trous* à l'adversaire, avec lesquels il *s'en va*. C'est ce qui s'apprend en jouant.

Quoiqu'on *remplisse* de deux ou trois façons, et que les dames aillent, ou portent sur la même, on n'est cependant pas obligé de les y jouer ; il suffit d'y en mettre une à son choix ; et des trois autres, on joue celle que l'on veut, qu'on place convenablement à son jeu, soit pour se faire donner des points, en se faisant *battre à faux*, ou éviter qu'on en donne, *en se couvrant*.

Après que le *jan* ou *plein* est fait, autant de fois qu'on joue les dés et qu'on le *conserve* [22], on gagne et l'on marque quatre points par *simple*, et six par *doublet*, il en est de même du *petit jan* et du *jan de retour*, et il est de la prudence, quand on voit que son jeu s'avance trop, et que celui de l'adversaire est plus beau, ou se prépare à le devenir, de *s'en aller ;* autrement on pourrait être *enfilé* [38], et perdre la partie, quand bien même l'adversaire n'aurait pas encore pris un *trou.*

Quand on *tient* [83], à la faveur de huit points qu'on a de reste, et qu'on a un jeu fort avancé, il faut ôter la dernière dame qui est dans la table du *petit jan*, afin que l'adversaire ne la *batte* point *à-faux*, qu'on puisse achever le *trou* le coup suivant, et *s'en aller.* En usant de cette précaution, on a encore l'avantage, qu'en amenant *six cinq*, *six quatre*, etc. faute de *six* à jouer, on *conserve* le *plein*, et l'on gagne quatre points, pour achever le *trou.*

Si cependant le jeu de l'adversaire est plus *passé*, il faut *tenir :* et pour lors il marque deux points, pour le *six* qu'on n'a pu jouer.

Observez qu'on est obligé de *rompre* le *plein*, lorsqu'on amène un nombre qu'on ne peut jouer dans ses *tables*, s'il y a du jour dans la table du *grand jan* de l'adversaire, pour passer dans celle de son *petit jan.* On doit pour lors jouer la dame de l'une des *cases*, qui va directement à ce passage, en comptant les points de l'un des dés, et la mettant dans la table de son *petit jan*, à la *flèche* où elle va, en comptant les points des deux dés ensemble, bien entendu que cette *flèche* est vide ; car, s'il y avait une dame, on la *battrait*, on ne pourrait y mettre une autre dame, et par conséquent on ne serait pas obligé de *rompre*.

On est quelquefois obligé de *rompre* par le *coin de repos*, lorsque l'adversaire ne peut plus faire son *grand jan* ou *grand plein*, et que la sixième *flèche*, où vont ces deux dames, par un *sonnez*, est totalement vide.

Après avoir *rompu*, on peut refaire son *plein* ; ce qui vaut quatre points par *simple*, remplissant d'une façon ; huit points, de deux, aussi par *simple* ; et douze points de trois façons ; six points par *doublet*, et douze points par *double doublet*. Ce coup est assez ordinaire.

Il arrive quelquefois qu'un joueur est *enfilé*, sans qu'il y ait de sa faute, quand les dés lui sont totalement contraires, et qu'il ne peut faire son *plein*. Cet événement est l'effet du hasard.

### *Du jan de retour.*

Le *jan de retour* se fait dans la table du *petit jan* de l'adversaire, où étaient ses dames en *piles*, lorsqu'on a commencé la partie, en *remplissant* : et tant qu'on *tient*, on gagne, et l'on marque comme aux deux *jans* précédents.

On ne peut à ce *jan*, quand il ne reste plus qu'une *demi-case* à faire, être censé *remplir* de trois façons, si l'on a encore son *coin de repos*, quand bien même les deux autres dames, et l'une de celles du *coin*, iraient juste sur cette *demi-case*. On ne *remplit* pour lors que de deux façons, parce que les deux dames du *coin*

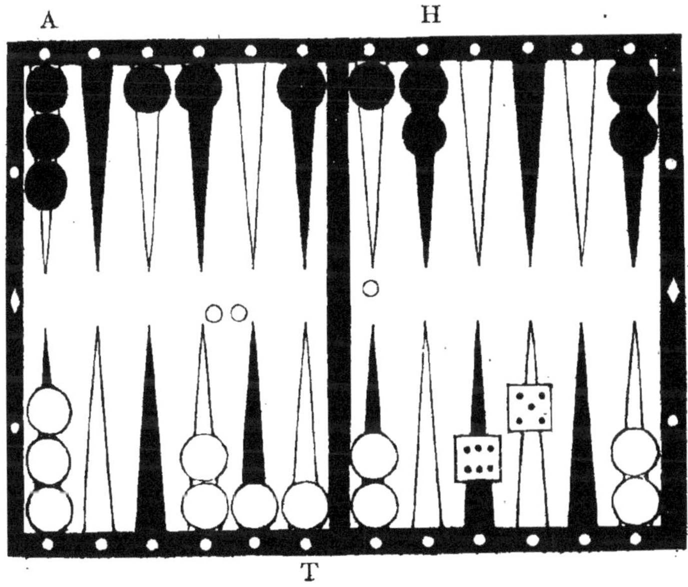


ne peuvent en sortir séparément : et il arrive souvent, que, faute de les avoir sorties à temps, on est obligé de *rompre*, et de passer les autres dames, sans espoir de pouvoir remplir.

*Rompre* est un terme opposé à celui de *con-*

*server;* c'est être obligé de conserver *son plein* en en tirant une ou deux dames.

Si celui qui peut *conserver rompait* par mégarde, il *serait à l'école*, quoiqu'il eût marqué ses points ou non.

*S'en aller, je m'en vais*, sont les termes dont se sert le joueur, qui voyant le jeu de son adversaire plus beau que le sien, le *dégarnit*, remet ses dames au talon et oblige à recommencer la partie, cela s'appelle *reprise.*

En effet, si le joueur qui a les dames noires amène six et cinq, regardant son jeu, il voit qu'il a huit points faits et que la dame H *bat tout d'une* la dame T de son adversaire, ce qui lui vaut quatre points; il a donc en tout douze points, il pourrait faire un *trou;* il prend alors le fichet, le met dans le trou A et il efface tout en disant *partie simple*, je *m'en vais*, et l'on recommence.

On doit prendre garde en *passant au retour* de s'arrêter le plus loin que l'on peut de l'ancien *talon* de l'adversaire afin d'avoir plus de ressources pour jouer de gros points, et par la même raison quand on commence à faire son *jan de retour*, on doit tant qu'il est possible le garnir par le *coin bourgeois* de l'adversaire et par les *flèches* qui le suivent, parce que si l'on commence à *caser* par les dernières *flèches*, on s'expose souvent à ne pas *remplir* à cause des dames qui s'accumulent les unes sur les autres et qui se trouvent passées avant qu'on ait pu remplir.

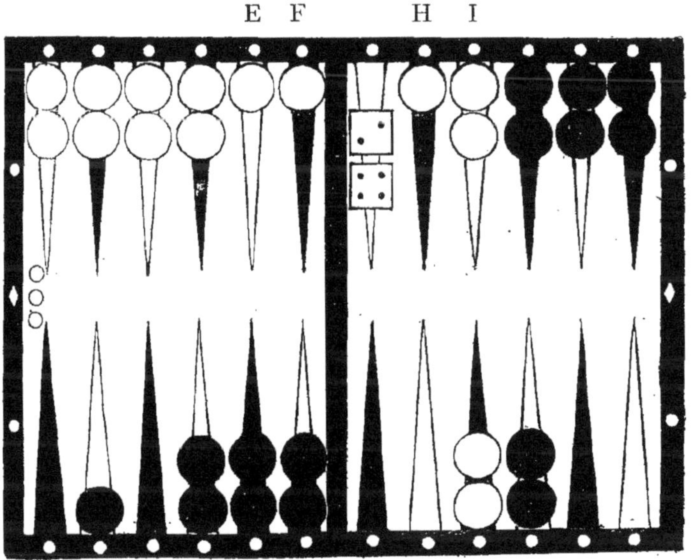


Ici, il s'agit de faire le *jan de retour*. Si le joueur faisait *sonnez* ou *quines*, il perdrait ses deux dames I. S'il faisait 6 et 5, il les perdrait aussi. La situation de son jeu est curieuse, mais il fait heureusement 4 et 2, et il peut remplir en marquant quatre points et jouant de H I, en E F. Son *jan de retour* est *rempli*.

Quand l'adversaire n'a plus que deux ou

trois cases à passer et qu'on a occasion de sortir du *coin*, on doit le faire parce qu'on se trouve souvent embarrassé pour l'avoir voulu conserver trop longtemps.

Ce *coin* alors risque peu d'être *battu*. Mais, dans un commencement de retour on ne s'en défait point, à moins d'y être forcé parce que l'adversaire, ayant alors plusieurs cases, le battrait presque à tout coup.

S'il ne restait plus qu'une *demi-case* à faire au *jan de retour* on ne pourrait être censé remplir de trois façons, si l'on avait son *coin de repos*, quand même les deux autres dames et l'une de celles du *coin* iraient juste sur cette *demi-case*, on ne remplit alors que de deux façons, parce que les deux dames du *coin* ne peuvent en sortir séparément.

Il est probable que lorsqu'on fait le *jan de retour*, l'adversaire n'y a plus de dames. Par cette raison, le joueur n'ayant pas à craindre d'y être *battu*, doit étendre les siennes, en commençant par faire des *demi-cases*.

La *case* du *coin* y est égale aux autres ; ainsi on peut la faire à deux fois.

Quand toutes les dames sont passées dans cette table, on lève, c'est-à-dire, on met *hors du Trictrac* [42] les dames qui battent juste sur la bande (1), en commençant toujours par les plus éloignées ; n'étant permis de lever que celles qui ne se peuvent jouer, et de ne point jouer *tout d'une*, à moins que ce ne soit pour conserver le *plein*.

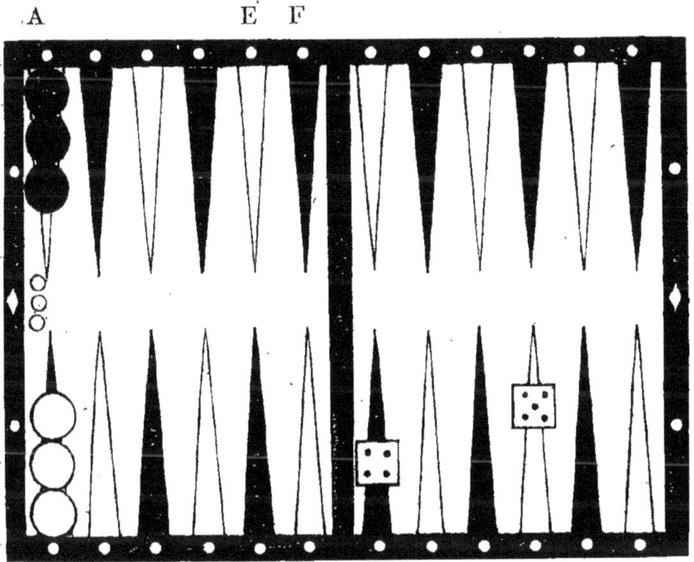


(1) Le privilége de ce jan est de compter la *bande* pour une *flèche ;* par conséquent si l'un des joueurs ayant son *plein* n'a plus qu'un six à jouer, et qu'il amène six et as, il conserve encore, parce qu'en comptant la bande pour une flèche, il joue sa dame *tout d'une*, hors de la table, et de même quatre et trois, ou cinq et deux ; mais il ne lui est permis de jouer ce coup *tout d'une*, qu'en faveur de la conservation de son *plein*.

Celui qui a levé le premier, gagne quatre points, si son dernier coup est *simple ;* si c'est un *doublet*, il gagne six points, lesquels lui restent, ainsi que le dé pour recommencer, et il oblige l'adversaire à lever aussi ses dames, quand bien même il aurait encore son *plein.*

On est dans l'usage, quand les deux joueurs ont *rompu*, et qu'il n'y a plus lieu de douter qui doit avoir levé le premier, que celui qui a le moins de dames à lever tire pour le dernier coup, d'accord avec l'adversaire, pour savoir si les nombres de ses dés seront par *simple* ou par *doublet.*

Le joueur qui s'est *en allé* a pris le fichet, l'a mis dans le trou A, en disant je *m'en vais*, et les deux joueurs reprennent le jeu.

*Reprendre le jeu*, c'est recommencer à jouer après avoir marqué un ou deux trous et s'*en être allé.* En effet, après avoir *rompu*, le joueur reprend le cornet, et jetant les dés sur le Tablier, il fait cinq et quatre qu'il joue *tout-à-bas* en E, F et la reprise continue.

# CHAPITRE III

## DES DAMES BATTUES DANS LES DIFFÉRENTES TABLES

La valeur des coups, par rapport aux dames *battues-à-vrai* ou *à-faux*, est différente selon les tables où ces dames se trouvent ; mais en général on peut observer que la façon de *marquer*, relativement aux dames *battues* dans la table du *petit jan*, et dans la dernière table du *retour*, est la même, et que la différence de valeur qui se trouve entre les dames *battues* dans les tables du *grand jan* ne roule que sur deux points par chacune des façons dont ces dames peuvent être *battues ;* c'est-à-dire que ce qui vaut quatre ou six points dans la première et dans la dernière table, ne vaut que deux ou quatre points dans la seconde et dans la troisième, comme il sera expliqué ci-après.

*Dames battues dans la table du grand jan.*

*Chaque dame battue* dans la table du *grand jan* de l'adversaire vaut deux points, lorsqu'on la *bat* d'une façon par *simple ;* quatre points, quand on la *bat* de deux façons, et six points, si on la *bat* de trois façons. Ainsi, amenant cinq et trois, on peut la *battre*, du trois, du cinq, et du cinq et trois. C'est à quoi on doit bien prendre garde.

Quand on la *bat* par *doublet*, d'une façon on gagne quatre points ; et huit, de deux façons, qu'on nomme *double doublet*. Cette seconde est quand on amène deux quatre, et quand on la *bat* du quatre, et double quatre, qui font huit ; ainsi des autres *doublets*.

Il faut faire attention, que, d'un seul coup de dés, on peut *battre* quatre dames, et plus, de celles que l'adversaire a découvertes, tant dans sa table du *grand jan* que dans celle de son *petit jan*.

Pour *battre les dames* de l'adversaire, le joueur peut, en comptant les siennes, se *reposer* [71] sur lui, comme sur l'une des *flèches* vides de l'adversaire, où sur celles où il n'a qu'une *demi-case ;* avec cette différence qu'on ne peut se *reposer* sur aucune *demi-case* de l'adversaire, pour passer au *jan de retour*. Pour cet effet, il faut que la *flèche* soit totalement vide ; au lieu qu'une dame seule sur cette *flèche* est un vide sur lequel on peut se *reposer*, pour *battre* plus loin.

*Dames battues dans la table du petit jan.*

On a déjà dit que la table du *petit jan* était celle dans laquelle sont les *piles* en commençant : chaque dame qu'on y *bat* par *simple* vaut quatre points ; et six, lorsqu'on la *bat* par *doublet*.

Il faut observer que dans cette table on ne peut *battre* aucune des dames de l'adversaire de deux, ni de trois façons, qu'on n'ait une ou plusieurs dames passées dans la table de son *grand jan*, ce qui arrive quand on a tenu au *grand plein*. Il en est de même quand on a tenu au *petit plein*, et qu'on a été obligé pour le conserver de passer une dame dans la table du *petit jan* de l'adversaire ; auquel cas on peut *battre* ses dames de deux ou trois façons. Chaque dame qu'on y *bat* de deux façons vaut huit points par *simple*, et douze points par *double doublet;* mais ces coups sont extrêmement rares.

### *Dames battues dans les tables de retour.*

On peut encore *battre* les dames de l'adversaire, dans sa première et seconde *table*, lorsqu'il les y a passées pour faire son *jan de retour*, ou qu'il a été obligé de les y passer, pour conserver son *grand plein* ou *grand jan*, de même que son *petit jan :* et pour lors on gagne, comme il est dit ci-devant, aux tables du *grand* et *petit jan.*

### *Jan-qui-ne-peut, ou battre-à-faux.*

*Battre-à-faux*, ou *jan-qui-ne-peut*, est la même chose ; chaque dame qu'on *bat-à-faux*, dans la table du *grand jan* de l'adversaire, lui vaut deux points par *simple*, et quatre par *doublet*, et dans la table de son *petit jan*, quatre points par *simple*, pour chaque dame *battue-à-faux*, et six points par *doublet*.

On *bat-à-faux* dans cette dernière table, lorsque les dames de l'adversaire, où répondent l'un et l'autre des points des dés séparément, sont couvertes, et que celles de la table de son *petit jan*, où vont les mêmes points joints ensemble, sont découvertes.

On se sert encore de ce terme de *jan-qui-ne peut*, pour le *coin battu-à-faux*, comme pour une dame qui ne peut être jouée.

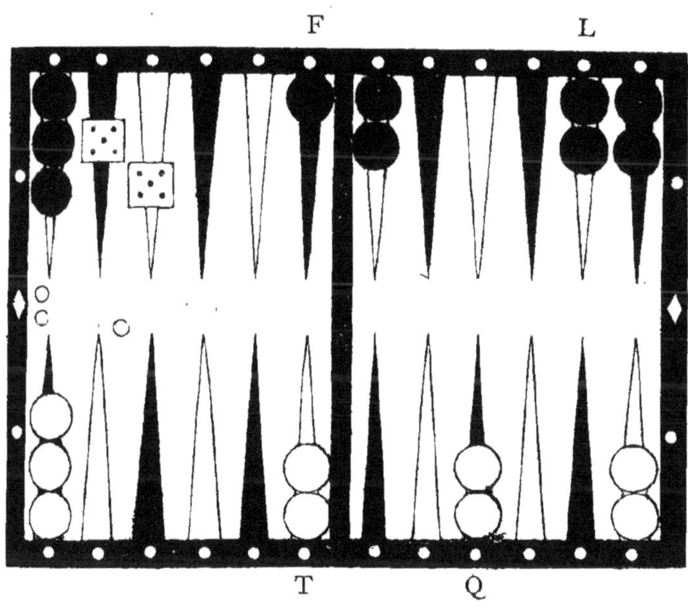


Par exemple : dans la figure ci-dessus, la dame Q bat la dame F par *quine* ou *quine tout d'une ;* mais remarquez que le premier *quine* ne trouve pas de place à pouvoir se reposer parce qu'il porte sur la case L de l'adversaire ; par conséquent, la dame Q *bat-à-faux* la dame F et le Joueur doit marquer six points.

# CHAPITRE IV

## DU COIN DE REPOS

Ce *coin* est bien nommé *coin de repos ;* tant qu'on ne l'a point, on est très-exposé à être *battu*, lorsque l'adversaire a le sien, et particulièrement bien des dames dans la table de son *grand jan*, soit *cases* ou *demi-cases ;* il il ne faut donc pas négliger de le prendre, dès qu'on en trouve l'occasion favorable ; pour cet effet, il est bon de se conserver, autant qu'on le peut, une ou deux dames sur la cinquième *flèche* du *petit jan*, qu'on appelle le *coin bourgeois* [20], afin d'avoir des six à jouer, pour prendre ce *coin de repos*.

Celui qui le prend le premier peut *battre* celui de l'adversaire ; et il le *bat* effectivement, lorsque ayant des dames dans la table de son *grand jan*, soit *cases* ou *demi-cases*, les nombres des dés vont, l'un et l'autre de deux de ses dames, directement au *coin* de l'adversaire ;

ce coup par *simple* vaut quatre points, et six par *doublet ;* mais on ne peut *battre* le *coin* de l'adversaire, d'un ou deux as, qu'on n'ait une ou deux dames en *surcase* [80] sur le sien.

Il faut observer, que quand on n'a point son *coin*, ni l'adversaire le sien, on peut le prendre par *puissance ;* c'est-à-dire, lorsqu'on amène six cinq, on le prend par cinq et quatre ; de même lorsqu'on amène quatre et deux, par trois et as, etc., mais il n'est permis de le prendre par *puissance*, que lorsqu'on n'a point de dames avec lesquelles on puisse le prendre par *effet ;* et comme on ne peut prendre son *coin* qu'en y mettant deux dames à la fois, de même on ne peut les en ôter pour passer dans les *tables* de l'adversaire, et y faire le *jan de retour*, que toutes deux ensemble ; et pour chaque dame qu'on ne peut jouer, on perd deux points : c'est ce qui s'apprend facilement en jouant.

Quand on remplit son *jan de retour* ou en *effet* ou par *puissance*, par une dame de son *coin* qui ne peut sortir seule, on ne doit marquer par celles qui peuvent remplir *en effet* et ne rien marquer par celle du *coin*.

Il ne manque au Joueur qui a les blanches qu'une dame en E, pour *remplir* son *jan de retour*, il amène cinq et trois, il remplit de trois

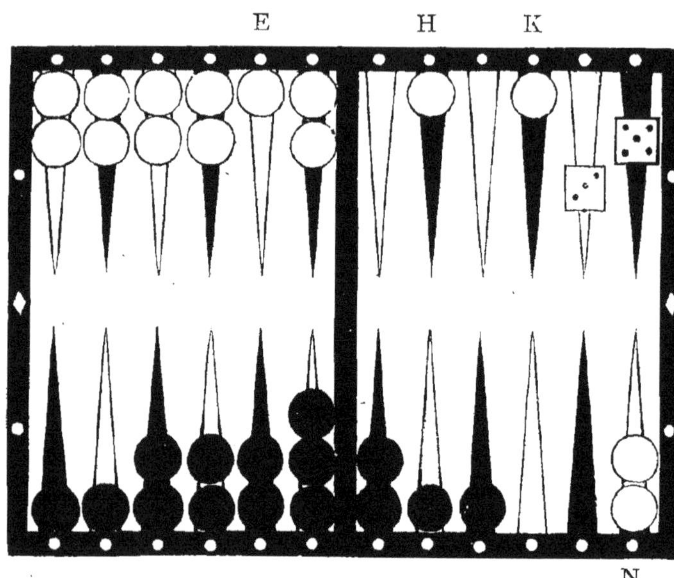


façons ; savoir : de H par trois, de K par cinq et de N par cinq et trois ; mais comme la dame N ne peut pas sortir seule pour aller occuper la place E vide, ce joueur marquera huit points pour les deux dames H K et ne comptera rien pour celle du *coin*.

Quand on peut prendre son *coin* par *doublet* en y transportant une *case* entière, on doit toujours le faire, à moins qu'on ait besoin de ce coup-là pour couvrir d'autres dames qui sont exposées.

Il faut faire attention quand on passe au *jan*

*de retour* de sortir le *coin* comme on l'a dit, quand on est près de *remplir* et particulièrement lorsque l'adversaire n'a plus que que deux ou trois *cases* dans la table de son *grand jan* ; autrement on serait obligé de *passer* ses dames si l'on amenait un ou deux as et l'on manquerait le *plein de retour*.

### *Avantages du coin.*

Les avantages du *coin* sont donc :

1° Que quand il est garni il ne peut pas être *battu* ;

2° Qu'il donne le droit de *battre* le vide ;

3° Qu'il rend ce *coin* vide plus difficile à être pris ;

4° Que les dames dans ce *coin* sont dans le poste le plus avantageux pour dominer le jeu de l'adversaire et le *battre* souvent quand il se découvre.

# CHAPITR V

## DES COMBINAISONS DES DÉS

Pour connaître les coups qui sont pour ou contre soi, il est à propos de savoir combien il y a de *combinaisons* des deux dés, afin de s'en garantir dans les circonstances critiques, ou d'en tirer avantage dans les occasions où l'on peut avancer ses dames, pour les faire *battre-à-faux* par l'adversaire.

On sait par expérience qu'il y a trente-six *combinaisons* des deux dés ; savoir, vingt et une *sensibles* et *réelles*, et quinze *réelles insensibles*, comme il est expliqué ci-après.

Le sept, qui est le milieu des dés, a plus de combinaisons : il arrive de six façons ; et par conséquent il a six combinaisons à lui seul, en y comprenant les *réelles insensibles*.

EXPLICATION :

| | | | |
|---|---|---|---|
| Le sept arrive de six façons, ci. . | 6 faç. | et a 6 combinaisons. | |
| 8 et 6 de chacun | 5 id . | 10 id. | ensemble. |
| 9 et 5, id . . . | 4 id . | 8 id. | id. |
| 16 et 4, id . . . | 3 id . | 6 id. | id. |
| 11 et 3, id . . . | 2 id . | 4 id. | id. |
| 12 et 2, ainsi que tous les doublets . . | 1 id . | 2 id. | id. |
| Preuve . . | | 36 | |

On peut faire une autre preuve, en multipliant les points d'un dé qui sont six, avec les points de l'autre dé qui sont aussi six, et l'on trouvera que six fois six font trente-six.

Puisque le sept a le plus de *combinaisons*, il est constant qu'il doit arriver le plus souvent; c'est pourquoi il est à propos de découvrir la dame où va ce nombre, en comptant du *coin* de l'adversaire, quand on n'aura à craindre que deux coups, comme cinq et deux, deux et cinq (1), et à espérer quatre coups, comme six et as, as et six, quatre et trois, trois et quatre.

Les *doublets* doivent être par conséquent plus rares que les coups simples, parce que ceux-ci ne se trouvent qu'une fois dans les deux dés, et que les autres s'y rencontrent, deux, trois, quatre et cinq fois, en y comprenant les *combinaisons réelles insensibles*.

La règle qu'on vient d'exposer sert aussi à prouver que sept est le milieu des deux dés, quoiqu'ils ne puissent produire plus de douze points. Pour rendre cette preuve sensible, on

(1) Le dé qui a amené le quatre, le coup suivant, peut être le trois; et celui qui était le trois, le coup suivant, peut être le quatre. Ainsi, quoiqu'on amène le même nombre, ce ne sont pas toujours les mêmes dés qui l'ont produit.

prend le plus fort point d'un dé, qui est six, avec le plus faible de l'autre, qui est un, cela fait sept; et en supposant que le dé qui représentait le six soit, le coup suivant, l'as, et que celui qui était l'as soit le six, qui font aussi sept, on aura amené à ces deux coups quatorze ; d'où l'on doit conclure que le milieu des deux dés est *sept*.

Pour connaître combien il y a de coups contre soi, il faut ajouter dix au nombre sur lequel on est découvert : cette règle est certaine ; et si l'on est découvert sur un cinq, en *combinant* bien, on trouve que l'on a quinze coups contre soi, et sur le six, seize.

Sur trente-six points qu'on peut faire,

Le 6 a 16 combinaisons. — Le 5 a 15. — Le 4 a 14. — Le 3 a 13. — Le 2 a 12. — Le 1 a 11.

Des onze nombres qu'on peut faire avec deux dés, cinq se peuvent faire d'un dé seul, et avec les deux dés ensemble, comme 6, 5, 4, 3 et 2; au lieu que 12, 11, 10, 9, 8 et 7, ne peuvent se faire qu'avec deux dés.

# CHAPITRE VI

## LOIS DU COIN

Un joueur ne peut prendre son *coin* qu'en y portant deux dames à la fois, soit qu'elles partent d'une même case par *doublet*, soit qu'elles viennent de deux cases ou demi-cases par un coup *simple*.

On peut prendre le coin par *puissance*, quand on peut porter deux dames à la fois dans le coin vide de l'adversaire.

Un joueur est libre de prendre ou de ne pas prendre son *coin*, à l'exception toutefois du cas où, pour conserver son *petit jan*, il ne peut pas se dispenser de le prendre. Il y aurait alors *école* s'il ne le prenait pas.

Lorsqu'un joueur peut prendre son *coin* par *effet* et par *puissance* en même temps, il est obligé de le prendre par *effet :* s'il le prenait par *puissance*, il ferait fausse case, alors il serait forcé de *passer* au retour si cela se pouvait, et de jouer comme l'adversaire le voudrait ; ainsi il perdrait le droit de prendre son *coin* par *effet* ce coup-là.

Il faut qu'un joueur ait son *coin* garni pour battre celui de l'adversaire, et que ce dernier n'ait pas encore pris le sien.

Le coin peut être *battu* plusieurs fois de suite, jusqu'à ce qu'il soit garni.

Le *coin* garni ne peut battre le *coin* vide, s'il n'a que les deux dames nécessaires ; mais il y une exception à faire à cet égard. Si le joueur n'ayant d'*abattues* que les deux dames qui garnissent son *coin*, amène un *as* ou *tous les as :* alors il bat le *coin* vide de son adversaire, et c'est ce qu'on appelle *jan de méséas*, ou *les as du coin*.

Mais si dans cette circonstance le *coin* de l'adversaire se trouve garni, l'autre le *bat-à-faux*. C'est ce qu'on appelle *contre-jan de méséas*.

Si le *coin* garni a une dame surnuméraire, c'est-à-dire, s'il est garni de trois dames, cette troisième dame en *sur-case* peut servir par un *as* à battre le *coin* vide, conjointement avec une autre dame du jeu.

Si le *coin* garni a deux dames surnuméraires, le *coin* vide pourrait être battu par *bezet* ou par *tous les as*.

Pour battre les deux coins par *jan de deux*

*tables* ou *jan des deux coins*, il faut n'avoir que deux dames *abattues*, que les deux *coins* soient vidés et faire un coup qui porte ces deux dames séparément, la première dans un *coin* et la seconde dans l'autre.

Mais quand celui qui n'a que deux dames *abattues* fait un coup qui les porte chacune dans un *coin*, et que celui de l'adversaire se trouve garni, alors on *bat-à-faux* les deux *coins*. C'est ce qu'on appelle *contre-jan de deux tables*.

Celui qui bat les deux *coins* n'empêche pas que son adversaire ne puisse les battre à son tour dans les mêmes circonstances.

Quand on *passe au retour*, on ne peut prendre le *coin* vide de l'adversaire, quand même il ne pourrait plus le reprendre.

En *passant au retour*, on ne peut pas ôter une dame seule du *coin*, il faut qu'on les ôte toutes deux à la fois.

Pour *passer au retour*, une dame seule peut se reposer sur le *coin* vide de l'adversaire, pourvu qu'elle n'y reste pas.

Le coin dégarni peut être *battu à l'ordinaire* comme si on ne l'avait pas pris.

Quand on a quitté le *coin*, on peut le reprendre selon la manière ordinaire.

Le *jan de retour* n'a point de *coin* sujet aux

règles précédentes : on peut placer indifférem-ment une ou deux dames dans l'ancien *talon* de l'adversaire.

Celui qui *remplit* son *jan de retour* de trois façons par *effet* et par *puissance* ne doit marquer que pour les dames avec lesquelles il peut remplir réellement.

Si l'on amène un *sonnez*, on ne peut jouer son coup qu'en transportant son *coin* dans le *grand jan* de l'adversaire, pour passer de là au *retour*, il est obligé de le faire si la flèche où va ce *sonnez* est vide, et que l'adversaire ne soit plus en état de *faire son plein*.

### *Lois du plein.*

Le plein d'un *jan*, quel qu'il soit, vaut par *simple*, quatre points quand il n'est fait que par un *moyen*, huit points par deux *moyens* et douze points par trois *moyens :* lorsque le *plein* se fait par *doublet,* il vaut six points par *doublet* et douze points par *double doublet.* Ainsi chaque dame avec laquelle on peut *remplir* vaut quatre points par *simple* et six par *doublet.*

Lorsqu'on peut *remplir* et qu'on ne le fait pas, il y a lieu à *l'école.*

Le joueur qui *remplit*, lorsqu'il joue sa

dame avant d'avoir marqué ses points fait *école*.

Le joueur qui ayant marqué les points de son *plein* joue ensuite sans *remplir*, fait *école* et *fausse case*.

Conserver son *plein* vaut à chaque coup joué, quatre points par *simple* et six par *doublet;* mais le joueur qui, pouvant *conserver*, *rompt* son *plein*, fait *école*.

Celui qui joue avant d'avoir marqué les points de *conservation* doit être envoyé à l'*école*.

On fait aussi *école* quand, après avoir marqué pour *conserver*, on vient à *rompre* par oubli.

Il y a encore lieu à l'*école* contre le Joueur qui, ayant marqué pour *conserver*, n'a réellement pas moyen de *conserver*.

Le joueur qui pouvant *remplir* de plusieurs façons en oublie quelqu'une, fait *école* de ce qu'il a oublié.

Celui qui, ayant son *plein*, fait un coup qu'il ne peut jouer, *conserve par impuissance*, et gagne, comme s'il *conservait* à l'ordinaire, quatre points par *simple*, et six par *doublet;* mais pour chaque dame qu'il ne peut jouer, il perd deux points que son adversaire marque à son profit.

Lorsqu'on ne peut *rompre* qu'en jouant une seule des dames de son *coin*, on *conserve par impuissance*. Mais si l'on peut *rompre* en jouant les deux dames de son *coin*, sans pouvoir jouer d'ailleurs, on ne *conserve* pas, et l'on est obligé de transporter son *coin*.

Quand on *remplit* et qu'on *rompt* dans le même coup, on ne doit rien marquer ; c'est ce qu'on appelle *remplir en passant*.

Le joueur qui *remplit* par un dé, et qui ne peut pas jouer l'autre, même en *rompant*, *remplit* réellement ; mais son adversaire marque deux points pour le dé qu'il n'a pas pu jouer.

Celui qui peut *conserver* son *petit jan* en *passant* une dame *au retour*, avec les conditions requises, *fait école* s'il ne *conserve pas*, et l'on peut l'obliger de *passer*.

### *Lois du retour.*

*Passer au retour*, c'est porter ses dames dans le jeu de son adversaire : pour y *passer*, on compte de la même manière que pour *battre*.

On ne peut placer une dame dans le jeu de son adversaire, à moins que ce ne soit sur une flèche entièrement vide.

On ne peut placer aucune dame dans le *grand jan* de l'adversaire, à moins qu'il ne puisse plus y faire son plein.

Pour porter une dame dans le *petit jan* de l'adversaire, il faut qu'on emprunte le passage sur une flèche vide de son *grand jan.*

Quoique l'adversaire soit en état de *remplir* son *grand jan*, on peut s'y reposer sur une flèche vide, pourvu qu'on ne s'y arrête pas.

Pour dégarnir le *coin*, il faut en ôter les deux dames ensemble.

On ne peut jamais prendre le *coin* dégarni de l'adversaire, même s'il ne peut le reprendre.

Une dame seule peut se reposer sur le *coin dégarni* de l'adversaire, mais elle ne peut y rester.

Le *coin dégarni* peut être *battu* à la manière ordinaire.

Après avoir quitté son *coin*, on peut le reprendre par *effet* à l'ordinaire ou par *puissance* si l'adversaire n'a pas le sien.

Quand on ne peut jouer son coup qu'en *rompant* et en *passant au retour*, et qu'on refuse de le faire, on peut y être forcé.

Lorsqu'après avoir joué une dame seule, conformément au nombre amené par un dé, le Joueur ne peut plus jouer le nombre amené par l'autre dé, il peut être obligé de remettre la dame jouée à la première place, et de jouer celle qu'il est possible de *passer au retour*. Au surplus, l'autre joueur est, en pareille cas, libre de laisser la dame jouée où le premier l'a mise, mais s'il ne la fait pas déplacer, il doit marquer deux points pour la dame non jouée, sous peine d'*école*.

La dame qui se trouve au *retour* parmi d'autres dames peut *battre* et être *battue* selon la manière ordinaire, et elle vaut plus ou moins de points à raison du *jan* où elle est posée.

Si deux demi-cases sont passées parmi les dames de l'adversaire, celui-ci peut se reposer sur l'une pour *battre* l'autre à la manière ordinaire : mais s'il est obligé de se reposer sur une case entière *passée au retour*, *il bat-à-faux* la dame découverte à la manière ordinaire.

Une dame *passée au retour* ne peut pas être couverte par une dame de l'adversaire.

Celui qui n'a pour jouer son coup que deux dames dans son *coin*, et qui n'en peut jouer qu'une troisième déjà *passée au retour*, ainsi que les douze autres, est dans le cas de l'*impuissance ;* c'est-à-dire que s'il amène, par exemple six et as, ayant son *plein*, une *surcase* en B et son *coin* N garni il *conserve* par

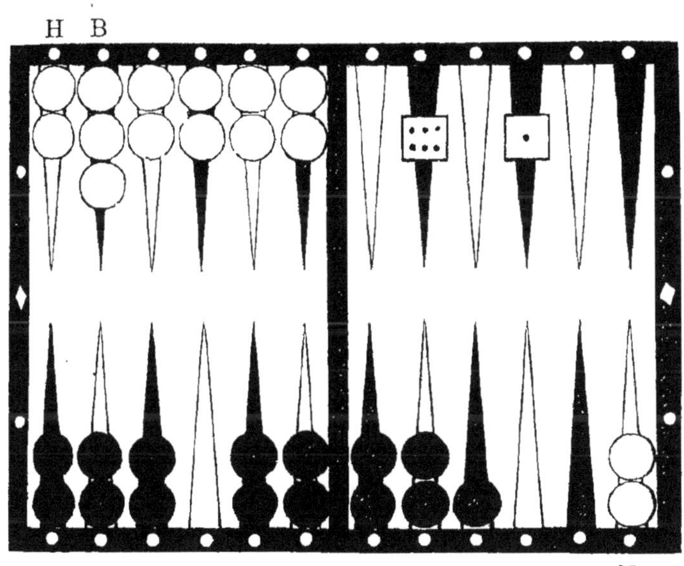


*impuissance* et joue son as de B en H et ne peut pas jouer de six, car il ne peut pas ôter une dame seule de son *coin ;* il ne peut pas non plus les ôter toutes deux, parce que l'une irait dans le *coin* de l'adversaire où l'on ne peut point mettre de dame : il ne peut enfin tirer du Tablier aucune dame parce qu'il n'a pas *tout dedans*, il *conserve* donc par *impuissance.*

### *Lois de sortie.*

1° On ne peut point tirer de dames hors du Tablier avant qu'elles soient toutes dans le *jan de retour.*

2° La seconde est qu'il faut jouer dans le *jan de retour* tout ce qui peut y être joué.

3° Il suit de là qu'on ne doit tirer les dames hors du Tablier que par défaut ; c'est-à-dire, lorsque le point amené par les dés excède le nombre des flèches qui se trouvent entre la dame la plus reculée et le bord du Tablier.

On nomme *point excédant* celui qui ne peut pas être joué dans le Tablier à la manière ordinaire.

Le joueur qui fait un coup, dont un point est *excédant*, et l'autre ne l'est pas, doit lever une dame pour son *point excédant*, et jouer l'autre dame dans le Tablier à la manière ordinaire.

Celui qui fait un coup de deux *points excédants*, doit mettre deux dames hors du Tablier.

Le joueur qui amène deux points, dont aucun n'est *excédant*, mais qui, en jouant *tout d'une*, pourraient servir à jeter une dame hors du Tablier, doit jouer les deux points séparément.

Quand un coup ou partie d'un coup peut être joué de différentes façons, on est libre de jouer de l'endroit qu'on veut, sans pouvoir être forcé par l'adversaire à jouer les dames les plus reculées.

Le joueur qui, pour tirer une dame hors du

Tablier, au lieu de prendre la plus reculée, en prend une autre, et veut ensuite la remettre pour lever la plus reculée, peut être forcé par l'adversaire à jouer celle qu'il a levée.

Celui qui achève le premier de lever toutes ses dames gagne quatre points par *simple*, et six par *doublet :* il termine le jeu, et oblige l'autre à *dégarnir*, quand même son *jan de retour* serait plein ; il marque ses points et garde le dé pour la *reprise* suivante.

Si l'adversaire avait des points lors de la sortie, ils subsistent également pour la reprise suivante ; car si l'un ou l'autre des Joueurs en *dégarnissant* son jeu pour recommencer, démarquait ses points, il ferait *école.*

Le joueur qui gagne un trou en achevant de sortir peut dire qu'il *s'en va*, sans faire *école* des points qui peuvent lui rester.

# CHAPITRE VII

## DES ÉCOLES

Dame *touchée, dame jouée*, à moins qu'on n'ait pris la précaution de dire *j'adoube* [2].

Qui case mal peut être contraint, dès qu'il a touché ses dames, de rester où il est, ou de jouer d'une seule dame [s'il se peut] les deux nombres que ses dés lui ont produits.

Quand on gagne des points en second, qui doivent être marqués *bredouille*, et qu'on oublie de les marquer avec deux jetons, on ne peut marquer partie *bredouille*, et l'on ne doit marquer qu'un trou.

Un joueur fait école [34] quand il ne marque pas les points que le coup de dé lui donne, et s'il ne marque pas tous ces points il est envoyé à *l'école*, du plus comme du moins, et de ce qu'il a oublié de marquer.

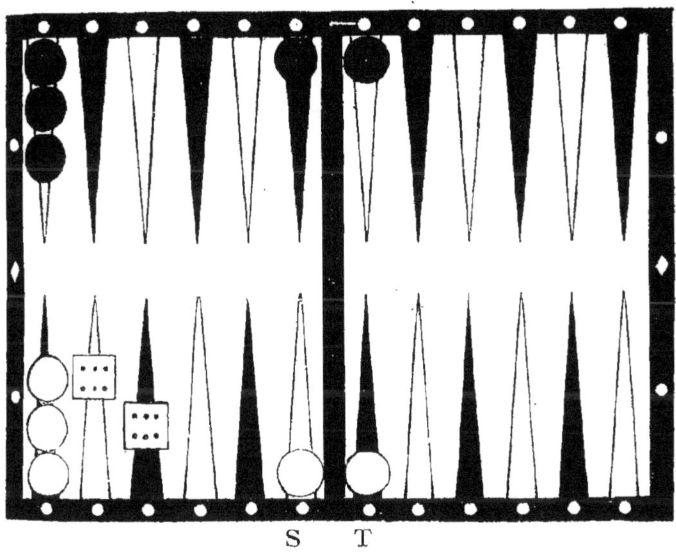


EXEMPLE :

Le joueur qui a les dames noires fait *sonnez*. Il bat les deux coins par *doublet*, c'est six points, il bat encore les deux dames S T, par *doublet*, c'est dix points en tout, seize points en *bredouille ;* deux trous et quatre points de reste.

S'il joue son coup sans marquer aucun de ces points, il fait *école* de seize points et l'adversaire doit marquer deux trous et quatre points de reste.

S'il ne marquait que dix points (même fig.) des deux dames battues, il fait *école* du reste, et l'adversaire doit marquer ce qu'il a fait ci-dessus.

Il arrive quelquefois qu'un Joueur fait des *écoles* exprès, pour empêcher l'adversaire de lever ses dames et de *s'en aller*, ce qui le conduirait à perdre le *tour*. Il est bon alors d'examiner s'il est de notre avantage de lui laisser faire cette *école* et de la marquer : cela dépend de nous, et nous devons consulter là-dessus la disposition de notre jeu et de celui de notre adversaire.

On est maître de laisser faire *l'école* sans la marquer, ou de forcer l'adversaire de marquer les points qu'il gagne : s'il en marque sans les gagner, de l'obliger de reculer son jeton, pour empêcher de faire *l'école;* mais il faut observer que tout ceci se doit faire avant de jouer un autre coup, autrement on n'y serait plus reçu.

Il n'est pas permis, pour le bien de son jeu, de n'envoyer à *l'école* que de deux, quatre ou six points; les règles de ce Jeu veulent qu'on y envoie de tous les points que le joueur n'a pas marqués, en sorte que celui qui a fait *l'école*, s'il y trouve son avantage, peut obliger de marquer son *école* tout entière.

On n'envoie point à *l'école de l'école* [35]; mais celui qui envoie mal à propos à *l'école*, et a marqué les points, est envoyé à *l'école* de ce qu'il a marqué mal à propos, et on l'oblige de démarquer les points de cette prétendue *école*.

Qui dit : je gagne huit points et n'en marque que six, est envoyé à *l'école* de deux points ; et de même qui dit : je gagne six points et en marque huit, est envoyé à *l'école* des deux points qu'il a marqués de trop.

Tant qu'on n'a point joué, ni touché ses dames, si l'on gagne huit ou dix points, et qu'on n'en ait marqué que quatre, ou tel autre nombre au-dessous de ce que l'on a gagné, on est reçu à marquer le surplus, quoiqu'on ait quitté son jeton, parce qu'on peut toujours l'avancer. Il n'en est pas de même de celui qui a marqué de trop ; car *l'école* du trop marqué est faite dès qu'il a quitté son jeton, parce qu'on ne peut le reculer.

Quand on veut *s'en aller*, et qu'on a des points de reste au delà des douze pour le trou, il ne faut pas les marquer, autrement il ne serait plus permis de *s'en aller*.

Celui qui *s'en va*, après avoir marqué le trou qu'il a gagné de ses dés, et qui a oublié de démarquer ses points, ne peut être envoyé à *l'école* de ces points marqués : cependant il faut les démarquer, parce qu'il ne doit plus lui en rester.

Si au contraire, il *tient*, et qu'il oublie [après avoir marqué son trou,] de démarquer les points qui lui ont servi à le prendre, il est envoyé à *l'école* des points marqués; si cependant il en avait au delà des douze, il n'est envoyé à *l'école* que de ce qui est marqué de plus que ce qui doit lui rester.

EXEMPLE D'UNE ÉCOLE DE POINTS.

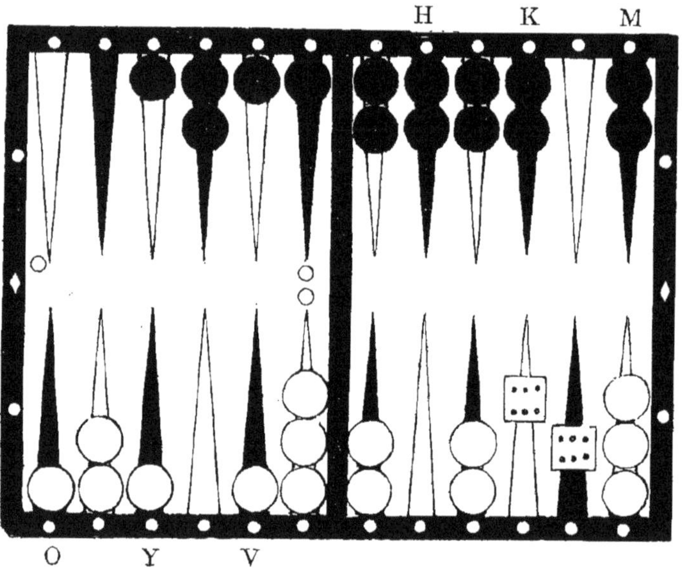


Les deux joueurs ont chacun six points. L'un amène *sonnez*, il bat son adversaire de H en V et croit le battre encore en Y et en O, ce qui selon lui fait dix-huit points, lesquels, avec six qu'il avait, font trois trous, il les marque et ensuite joue son coup.

Mais, il ne devait marquer qu'un trou, parce

que les deux dames Y et O sont *battues-à-faux*. Il fait *école* du reste, c'est-à-dire de douze points.

L'adversaire oblige à démarquer deux trous et en marque quatre à son profit; deux pour l'école de douze points, lesquels, venant du talon, sont en *bredouille* et deux pour les dames Y et O *battues-à-faux* qui font encore douze points en *bredouille*.

Celui qui, gagnant deux trous, n'en marque qu'un, n'est plus reçu à marquer l'autre, dès qu'il y a eu un coup de joué : aussi ne peut-il être renvoyé à *l'école* de ce trou, parce qu'on n'envoie point à *l'école* des trous, quoiqu'on puisse y être envoyé de plus que d'un trou en points oubliés à marquer.

Celui qui a marqué des points pour le *plein* qu'il aurait pu faire, et que cependant il n'a pas fait, pour avoir touché une autre dame que celle qui devait y servir, est envoyé à *l'école* de ce qu'il a marqué, et obligé à jouer la dame qu'il a touchée; si cependant il était plus avantageux à l'adversaire de faire faire le *plein*, il peut y contraindre, et ne marque pas moins pour lui les points de *l'école*.

L'adversaire ne peut obliger de passer une dame dans sa première table, pour conserver le *petit jan*, tant qu'il peut faire le sien, et par la même raison on ne peut, pour conserver le *grand jan*, passer une dame dans le sien, pour y rester tant qu'il peut le faire ; cependant on peut emprunter ce passage, lorsqu'il est vide, pour transporter une dame dans la table de son *petit jan*, s'il n'y en a point, à la *flèche* jusqu'où va le nombre des deux dés.

On ne peut mettre, en faisant le *jan de retour*, une ni deux dames dans le *coin* de l'adversaire, quoiqu'il ne l'ait plus, et ne puisse le reprendre : on peut cependant, lorsqu'il est vide, y emprunter passage.

Quand on a quitté le *coin de repos*, on peut le reprendre *par puissance* ou *par effet;* dans le premier cas, il faut que l'adversaire n'ait plus le sien.

On ne peut lever au *jan de retour*, que toutes les dames ne soient passées dans cette *table*, à moins que ce ne soit pour conserver ce *plein ;* pour lors on peut jouer *tout d'une* sur la *bande*, même plus d'une fois si le cas arrive.

On est obligé de jouer dans la table du *jan de retour*, tout ce qui peut y être joué ; par la même raison on ne doit jamais tirer une dame *hors du Trictrac* [42], que par défaut. Celui qui a levé le premier gagne quatre points, si son dernier coup est *simple* ; si c'est un *doublet*, il gagne six points.

# CHAPITRE VIII

## CONSEILS GÉNÉRAUX

*Sur la manière de conduire son jeu.*

En commençant à jouer, il est bon de mettre *tout à bas*, les points au-dessous de six, et *tout d'une* quand on amène six et as, six deux et six trois.

Il faut à ce jeu beaucoup d'attention et se faire un usage, quand on a joué les dés, de regarder si l'on ne bat pas l'adversaire, soit son *coin*, ou ses *dames découvertes*, d'une ou plusieurs façons.

On doil profiter de toutes les occasions que l'on a de faire des *cases*, et cependant ne point trop se découvrir, ni trop avancer son jeu, de crainte de *passer les dames*, et de rendre le *plein* difficile.

Il faut se conserver, autant qu'on le peut, des six à jouer, soit pour *remplir*, ou pour prendre le *coin du repos*.

On ne doit point tenter de faire *le petit jan*, à moins qu'on n'amène en commençant des as, deux et trois : deux ou trois coups doivent en décider.

Quand l'adversaire s'arrête à faire *le petit jan*, il faut *avancer son jeu*, en jouant *tout d'une*, et étendre ses dames dans la table du *grand jan*, afin de prendre plutôt le *coin*, battre le sien, et ses *dames découvertes*.

On doit faire par préférence la *case* septième, qui est la *case du diable;* et quand on aura le choix de plusieurs *cases*, préférer celles à la suite des autres.

On doit s'attacher à remarquer les coups qui sont les plus contraires à l'adversaire, et se découvrir sur ces nombres, principalement quand il n'aura qu'un coup pour lui, et qu'il y en aura deux contre.

Quand le *grand jan* de l'adversaire est fait, si son jeu est pressé, il faut remarquer quel nombre il ne pourrait jouer sans *rompre*, comme *sonnez*, six cinq, *quines*, ou six quatre, etc.; ôter les dames qui sont sur la *flèche* ou vont ces nombres, on l'oblige par là de *rompre*, et de passer sa dame dans la table de votre *petit jan*.

Quand le jeu de l'adversaire est mauvais, et qu'il ne lui manque que quatre points pour

H

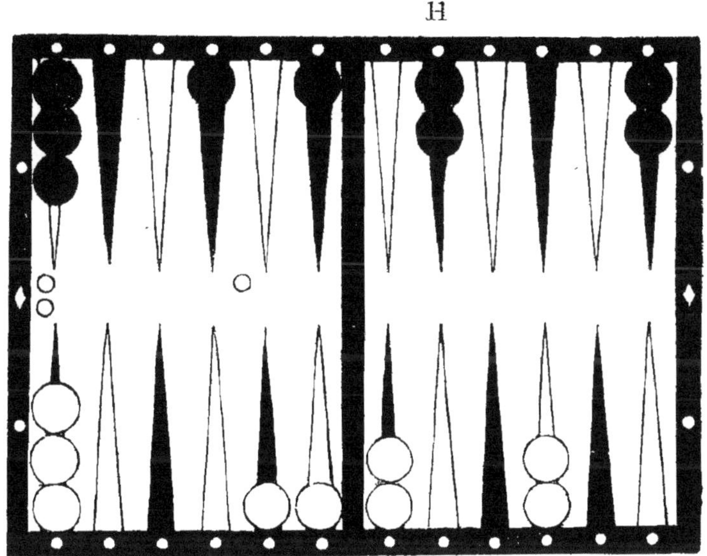

achever son trou, il est bon de se couvrir, afin qu'il ne batte point; car s'il bat, il marque le trou *partie une* ou *deux* et *s'en va*.

Si son jeu étant dans cette disposition, on lui donnait, en le *battant à faux*, suffisamment de points pour achever le trou, et qu'il affectât de ne s'en point apercevoir, il faut l'obliger à marquer ces points : par ce moyen il ne peut *s'en aller*. Si cependant il ne manquait que les points de cette *école* volontaire, ou non, pour achever le trou, on doit en profiter, parce qu'on efface tous ses points.

Quand on fait son *grand jan*, il est bon de se rendre maître du jeu, afin de *s'en aller* quand on aura gagné le trou, principalement quand le jeu de l'adversaire est bien préparé. On y réussit, en couvrant ou ôtant les dames qu'il pourrait *battre-à-faux*, par *jan-qui-ne-peut;* mais s'il avait encore deux cases à faire, ou qu'il n'eût point son coin, on ne risque rien d'étendre ses dames dans la table du *petit jan*, pour les faire *battre-à-faux*.

Pour conserver le *grand jan* plus longtemps, on doit passer ses dames, autant qu'on le peut, sur la première *flèche* de sa seconde table, pour s'ôter les six à jouer ; parce que si l'on en amène un, on *conserve*, ne l'ayant pas à jouer, et l'adversaire ne marque que deux points, pour chaque dame qu'on ne joue pas.

Quand on est obligé de *rompre* le *grand jan* par cinq et quatre, et que l'adversaire est aussi près de *rompre*, il est quelquefois plus avantageux de découvrir deux dames, au risque qu'elles soient battues, que de lui livrer *passage;* par ce moyen, s'il amène cinq et quatre, *quines*, six quatre ou six cinq, il est aussi obligé de *rompre*.

On nomme *enfilade*, lorsque les dés sont totalement contraires, et qu'on ne peut faire le *plein*. Si ce malheur arrive, et qu'il reste encore une ou deux *cases* à faire, il faut mettre des dames sur ses *flèches* vides, on bouche par ce moyen le *passage* à l'adversaire ; et si son jeu est avancé, on l'oblige de *s'en aller*, après avoir marqué les points qu'il a gagnés pour son *plein*, et avoir battu : cependant s'il ne lui fallait plus qu'un ou deux trous pour gagner la partie, il faudrait jouer autrement.

Lorsque l'adversaire a fait son *plein*, et qu'on n'a point encore son coin, il faut le prendre, quand on devrait se découvrir ; car tous les coups qu'il jouerait, outre quatre points que chacuu d'eux lui vaudrait, pour *conserver*, il battrait encore ce *coin*, qui lui vaudrait chaque coup quatre points par *simple*, et six par *doublet*.

Il faut avoir attention, quand on passe au *jan de retour*, de sortir le *coin*, quand on est près de *remplir*, et particulièrement lorsque l'adversaire n'a plus que deux *cases* dans la table de son *grand jan;* autrement on serait obligé de passer ses dames, si l'on amenait un ou deux as, et l'on manquerait le *plein de retour*.

Il faut jouer autant qu'il sera possible, suivant les règles et la position de son jeu et de celui de l'adversaire ; mais avoir beaucoup de prudence, et ne pas tenir, sans une espèce de certitude de n'être point *enfilé*.

On ne parvient point à bien jouer au Trictrac, qu'on ne se fasse une grande habitude, dès qu'on a joué les dés, de regarder, avant de toucher ses dames, si l'on ne bat point celles de l'adversaire, ou son *coin :* les habiles joueurs voient même d'un coup d'œil, avant de jouer, ou que l'adversaire joue, tout ce qui est pour ou contre : aussi ne fait-on plus d'*école* quand on est parvenu à ce degré.

*Le plus grand coup que l'on puisse faire au trictrac*

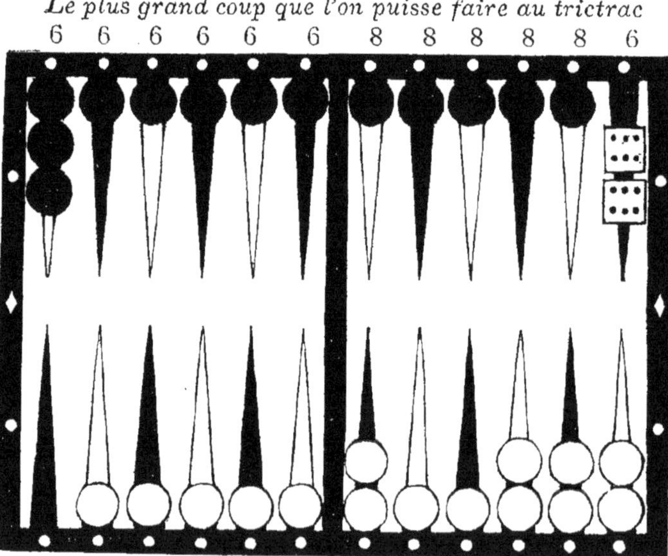


Le joueur fait *sonnez*. Additionnez tous les chiffres qui sont autour de la figure et vous trouverez 82.

# CHAPITRE IX

## VOCABULAIRE

OU

## EXPLICATION DES TERMES GÉNÉRAUX

1. — ABATTRE *du bois*, c'est exprimer les points des dés, en abattant du *talon* ou *piles*, deux dames à la fois, qui servent à faire le *petit jan*, si le cas arrive, et par la suite des *cases*, dans la table du *grand jan*.

2. — *Adouber, j'adoube*. Mot de précaution, dont on se sert pour avoir la liberté de toucher ses dames et les arranger.

3. — *Aller, s'en aller*. Terme dont on se sert, lorsqu'on a gagné un ou plusieurs trous de son dé, et que son jeu n'est pas si beau que celui de l'adversaire : pour lors on dit, *je m'en vais :* on lève les dames pour les remettre en *piles*, et l'on recommence.

4. — *Avancer*. On entend par *avancer son jeu*, jouer ses dames dans la table de son *grand*

*jan*, pour prendre plus tôt son *coin ;* battre celui de l'adversaire, et ses dames découvertes, s'il s'arrête à faire son *petit jan*.

B

5. — Bandes. Ce sont les bords percés vis-à-vis les *flèches*. Chaque joueur y marque les trous qu'il gagne. Celui qui joue les dés doit toujours les faire toucher la bande de l'adversaire, et au jan de retour on compte la bande pour une *flèche* ou lame.

6. — *Battre*. Se dit du *coin* de l'adversaire, ou de ses dames, si elles sont découvertes, et que les points des dés aillent des dames du joueur à ce *coin* vide, ou à ces dames découvertes.

7. — *Battre-à-faux*. Quand l'un et l'autre des points des dés du joueur répondent à deux *flèches* garnies de deux dames ou cases, et que les deux points réunis vont à une autre dame découverte, on appelle cela *battre-à-faux*, ou par *jan-qui-ne-peut :* elle vaut autant à l'adversaire qu'elle eût valu au Joueur s'il l'eût battue pour lui.

8. — *Battre-à-faux*. Se faire donner des points. Il est quelquefois à propos de découvrir

ses dames. pour se faire *battre-à-faux* et donner des points, comme il est prudent de les couvrir, suivant les circonstances de son jeu.

9. — *Bezet*, ou *Ambezas*. Se disent l'un ou l'autre, quand on amène deux as.

10. — *Bredouille*. Quand l'un des joueurs gagne douze points de suite, sans être interrompu par l'adversaire, il marque deux trous, ce qu'on appelle *partie bredouille*. Celui qui gagne des points en second, pour faire voir qu'il est en *bredouille*, les marque avec deux jetons, qu'on nomme aussi *bredouille*. On appelle aussi *grande bredouille* une partie gagnée sans que l'adversaire ait pris un trou.

## C

11. — CARMES. Quand les dés amènent deux quatre, on les nomme ainsi.

12. — *Case*. On nomme *case*, deux dames sur une même *flèche*, et lorsqu'il n'y en a qu'une c'est une *demi-case*, ou dame découverte, qui peut être battue.

13. — *Case du diable* est la septième en comptant des piles ou talon. On la nomme ainsi parce que le *plein* se fait difficilement, quand il s'achève par cette *case*.

14. — *Case de l'écolier* est la plus proche du *coin de repos*, et la dixième en comptant du talon. Les habiles joueurs tâchent, autant qu'ils le peuvent, de finir le *plein* par cette *case*.

15. — *Cases alternes*. Se dit des cases entre chacune desquelles il y a une *flèche* vide. Elles rendent le *plein* difficile, et mettent celui qui les a en danger d'être souvent battu.

16. — *Caser*, ou faire des *cases*, est placer deux dames sur la même *flèche*.

17. — *Fausse case*. Celui qui voulant faire une *case* se trompe, et touche une autre dame que celle qui y peut servir, fait *fausse case*, et est obligé de remettre cette dame à sa place, ou l'adversaire peut la lui faire jouer à sa volonté.

18. — *Surcase*, ou dame *surnuméraire*, est une troisième dame sur une *case* déjà faite.

19. — *Coin de repos* est la onzième *case*. Il ne se peut prendre qu'en y mettant deux dames à la fois, et on ne peut le quitter, pour passer au *jan de retour*, qu'en les ôtant de même toutes deux ensemble. Ce *coin* se prend par *puissance* quand l'adversaire n'a pas le sien; mais quand on le peut prendre par effet, il n'est pas permis de le prendre par *puissance*.

20. — *Coin bourgeois* est la cinquième case

dans la table du *petit jan.* Il est à propos d'y avoir une ou deux dames, pour faciliter la prise du *coin de repos*, quand on ne l'a pas.

21. — *Combinaison* s'entend du calcul des différents points des dés, pour connaître les coups qui sont pour ou contre soi, se procurer l'avantage des premiers en se faisant *battre-à-faux*, et éviter les derniers en se couvrant à propos.

22. — *Conserver*, s'applique à tous les *jans.* Chaque coup que l'on joue et que l'on *conserve* on gagne des points.

23. — *Conserver par impuissance.* On conserve par *impuissance* au *plein du grand jan*, quand on ne rompt point faute de *passage*, et qu'on ne peut jouer, on gagne comme si l'on conservait en jouant; mais l'adversaire marque deux points pour chaque dame non jouée.

## D

24. — DAME COUVERTE est mettre une seconde dame sur une *flèche* où il n'y a qu'une *demi-case.*

25. — *Dame découverte* est une *flèche* sur laquelle il n'y a qu'une dame qu'on appelle *demi-case.*

26.—*Dame aventurée* est celle qu'on avance

toute seule, et qu'on ne prévoit pas pouvoir couvrir promptement.

27. — *Dame passée* s'entend de celle qui ne peut plus servir à faire le *plein*, parce qu'elle se trouve au-delà des *flèches vides*. On se sert aussi de ce terme, au *petit jan* et au *jan de retour;* et de même lorsqu'une dame peut passer [quand il y a passage libre] dans les tables de l'adversaire.

28.
*Dame non jouée*
*Dame battue-à-faux* } s'expriment par le terme de *jan-qui-ne-peut.*

29. — *Dame touchée, dame jouée*, est une règle de rigueur établie pour celui qui touche une dame l'une pour l'autre, qu'il est forcé de jouer à la *flèche* où elle va, quelque désavantageuse que lui soit cette place, à moins qu'avant de la toucher, il n'ait dit *j'adoube.*

30. — *Débredouiller*. On entend par ce terme interrompre l'adversaire dans les points qu'il a gagnés, et s'il les avait marqués avec deux jetons, il faut en ôter un pour le *débredouiller*. Quand on est *débredouillé* de part et d'autre, celui qui gagne le premier douze points ne marque qu'un *trou*, ce qu'on appelle *partie simple.*

31. — *Doublet.* On appelle *doublet* deux dés dont les points sont semblables, comme *ternes*, *carmes*, *etc.*

32. —*Double doublet.* On se sert de ce terme, quand les points des dés sont pareils, et qu'on bat ou remplit de deux façons.

33. — *Double deux*, est quand les dés amènent deux *deux*.

## E

34. — École. On dit faire une *école*, marquer une *école*, ou envoyer à *l'école*, quand l'un des joueurs oubliant de marquer les points qu'il gagne, l'adversaire les marque pour lui ; c'est ce qu'on appelle envoyer à *l'école*.

35. — *École de l'école.* On n'envoie point à *l'école de l'école*, c'est-à-dire, que si l'on fait une *école*, oubliant de marquer les points qu'on gagne, l'adversaire ne s'en aperçoit pas, ou oublie de les marquer ; on ne peut l'envoyer à *l'école* parce qu'il n'y a pas envoyé.

36. — *Fausse école.* Celui qui croyant que l'adversaire fait une *école*, marque les points de cette prétendue *école*, est envoyé à *l'école* de ce qu'il a marqué mal à propos ; c'est ce qu'on appelle *fausse école*, et non envoyer à *l'école de l'école*.

37. — *Effet*, se dit du *coin* qu'on ne peut prendre par *puissance*, quand on le peut prendre par *effet*.

38. — *Enfilade*, être *enfilé*. C'est rompre son *plein*, découvrir ses dames, et donner passage à l'adversaire, au moyen duquel il tient plus longtemps, et marque des points pour son *plein*, pour les dames qu'il bat, et pour celles qu'on ne peut jouer.

39. — *Étendre son jeu* est le disposer de façon à se ménager des dames à jouer, pour remplir de plusieurs façons; et quand l'adversaire s'arrête à son *petit jan*, faire des *demi-cases*, afin de prendre son *coin* plus promptement, battre le sien, et battre ses dames découvertes.

## F

40. — Flèches. Il y en a vingt-quatre, ordinairement blanches et vertes. Chaque joueur en a douze; et l'on ne compte point celle d'où l'on part pour jouer, ainsi que pour battre.

41. — *Fichet*. Chaque joueur en a un, pour marquer les trous qu'il gagne.

## H

42. — Hors *du Trictrac*, veut dire hors du

jeu; c'est pourquoi à mesure qu'on lève les dames, on les met dans l'autre table vide, parce que sur la bande elles seraient en danger de tomber.

## J

43. — JANS. Il y en a huit, ci-devant expliqués, pages 18, 19, 20, 21, 22 et 35. On se sert aussi de ce terme pour nommer les tables et les distinguer.

44.— *Jan-qui-ne-peut*, est expliqué ci-devant à l'article des *dames battues-à-faux.*

45. — *Contre-jan* ou *jan-qui-ne-peut*, est la même chose. Il y a *contre-jan de deux tables*, et *contre-jan de méséas*, ci-devant expliqués, pages 20, 22.

46. — *Petit jeu* ou *bas jeu*. On se sert de ces termes quand les dés amènent *bezet*, deux et as, trois et deux, etc.

47. — *Impuissance*, conserver par *impuissance*, est expliqué ci-devant à l'article de *Conserver*.

48. — *Jouer son coup*, c'est exprimer les points qu'on vient de faire, en posant une ou deux dames sur certaines *flèches*.

## L

49. — Lames ou *flèches* sont la même chose.

50. — *Lever les dames*, c'est la même chose que *s'en aller*. Au *jan de retour*, on lève (quand toutes les dames sont passées dans la table de ce jan) toutes les dames qui ne s'y peuvent jouer.

51. — *Lois*. On dit *lois* du *coin*, *lois* du *plein*, ou *grand jan*, de même que du *jan de retour*. On ne doit point s'en écarter.

## M

52 — Marche *du Trictrac*, s'entend du droit que chaque joueur a de faire le tour des tables, en commençant à son *talon*, et finissant à celui de l'adversaire.

53. — *Marquer les points* et les *trous*. On marque les points avec les jetons, et les trous avec les fichets. La façon de marquer les points est expliqué ci-devant, page 16.

54. — *Mettre une dame dedans* s'entend lorsqu'il ne reste plus qu'une *case* à faire dans l'un ou l'autre des *jans* ou *pleins*, et qu'on met une dame seule sur la *flèche* vide, pour avoir occasion prochaine de remplir d'une ou de plusieurs façons.

## O

55. — Outrepasser. Il est permis à un joueur de passer ses dames dans le *petit jan* de l'adversaire, lorsque le passage qu'il emprunte pour reposer est vide : c'est ce qu'on appelle *outrepasser*.

## P

56. — Partie *bredouille ; Partie une et deux sans bouger ; Partie une et deux*, se dit quand on gagne douze points de suite, sans être interrompu par l'adversaire, et qu'on marque deux trous. Si on les gagne d'un seul coup, et qu'on ait déjà des points marqués en *bredouille*, c'est *partie une et deux sans bouger ;* c'est-à-dire, que celui qui gagne les trous ne dérange point son jeton, mais il ôte celui de l'adversaire dont il efface les points.

57. — *Partie simple, Partie simple sans bouger, Partie simple*, s'entend de même qu'il est expliqué à l'article ci-dessus ; avec cette différence qu'on ne marque qu'un trou.

### REMARQUE.

Quand les joueurs n'ont que chacun un jeton sur jeu, c'est une marque qu'il n'y a point de *bredouille ;* mais quand il n'y a qu'un jeton ou trois sur jeu, c'est une preuve que l'un des deux joueurs est en *bredouille*.

58. — *Passage ouvert.* C'est une *flèche* totalement vide, sur laquelle on emprunte *passage* pour jouer une dame plus loin, ou une *flèche* où il n'y a qu'une dame sur laquelle on se repose pour battre plus loin une autre *dame* découverte, en assemblant les nombres des deux dés.

59. — *Passage fermé* est une *flèche* où il y a deux dames qui empêchent que le joueur ne puisse en passer une des siennes dans la table *du petit jan* de l'adversaire, et l'on ne *bat* jamais *à faux* que par un *passage fermé.*

60. — *Passer son jeu* est quand on est obligé de jouer les dames, sans espoir de pouvoir remplir.

61. — *Passer au retour*, c'est entrer dans le jeu de l'adversaire quand il y a passage.

62. — *Plein* veut dire deux dames sur chacune des six *flèches* d'une table. Il s'applique au *petit jan*, au *grand jan* et au *jan de retour.*

63. — *Piles* ou *talon.* On annonce *piles* ou *talon* la première *flèche* où l'on range les dames en commençant.

64. — *Pile de malheur.* C'est quand les quinze dames d'un joueur sont toutes sur son *coin de repos.* Elle arrive rarement. On était autrefois dans l'usage quand on faisait cette *pile,* de

marquer quatre points par *simple* et six par *doublet*, et les mêmes points pour autant de coups que l'on jouait et qu'on la conservait; mais n'ayant pas été du goût de nombre de joueurs, on a aboli cet usage, ainsi que plusieurs autres dont il est inutile de parler.

65. — *Privilége* se dit des *jans* où l'on conserve par *impuissance*, comme il est ci-devant expliqué au terme *d'impuissance.* Le privilége du *jan de retour* est de jouer *tout* d'une, et de compter la bande pour une *flèche.* On appelle encore *privilége* le droit qu'un joueur a de rompre le dé de l'adversaire.

## Q

66. — *Quines.* On se sert de ce terme quand les dés amènent deux cinq.

## R

67. — *Remplir* est ci-devant expliqué à l'article du *plein.*

68. — *Remplir en passant* se dit quand l'un des joueurs peut, de l'une de ses dames, couvrir la dernière *demi-case* de l'un de ses *jans*, et qu'il est obligé de lever ou découvrir une autre dame plus éloignée, n'en ayant pas d'autre pour exprime les points de son autre dé.

69. — *Refaire son plein.* Quand on a rompu on peut *refaire son plein* une seconde, et même une troisième fois, si les dés sont favorables.

70. — *Rentrer en bredouille.* On se sert de ce terme quand l'un des joueurs ayant été *débrebouillé*, fait un grand coup qui lui procure l'avantage de marquer trois trous à la fois, et quelquefois cinq.

71. — *Repos pour battre* s'entend lorsque l'adversaire a une *dame* découverte dans la *table* de son *grand jan* qu'on bat de l'un des dés ; c'est un *passage* sur lequel on peut se *reposer*, comme sur une *flèche* vide, pour battre une autre dame découverte dans la *table* de son *petit jan*, sur laquelle vont les points des deux dés joints ensemble.

72. — *Repos pour passer.* On ne peut se reposer sur une *flèche* où il y a une *demi-case* pour passer au *jan de retour;* il faut que la *flèche* soit totalement vide pour avoir ce *passage* permis.

73. — *Reprendre son coin.* Quand on a quitté son *coin*, on peut le reprendre par *effet*, ou par *puissance*, si l'adversaire n'a pas le sien.

74. — *Rompre son plein*, c'est être obligé de lever l'une des dames qui le composent, faute

de pouvoir exprimer les points des dés avec d'autres dames.

75. — *Rompre les dés*, est expliqué au terme de *privilége*.

## S

76. — SERRER SON JEU est extrêmement dangereux; c'est s'ôter la facilité de *remplir*, ce qu'on évite en se conservant, autant qu'on le peut, des cinq et des six à jouer.

77. — *Simple, coup simple*. On entend par ces termes deux dés dissemblables, comme trois et deux, cinq et quatre, deux et as, etc.

78. — *Sonnez*. Terme de Trictrac, qui signifie les deux six, lorsqu'ils viennent ensemble.

79. — *Sortir les dames*. On se sert de ce terme au *jan de retour*, quand on tire les dames hors du Trictrac.

80. — *Surcase*. Voyez *dame surnuméraire*, c'est la même chose.

## T

81. — TABLIER, *table*. Le *tablier* est généralement tout le Trictrac, et les quatre *tables* en sont la plus grande partie ; pour les distinguer, on leur donne les noms de *jans* qui s'y font.

82. — *Talon* ou *piles*, c'est la même chose. Voyez *piles*.

83. — *Tenir, ne pas s'en aller*. Il est permis au joueur qui marque un ou plusieurs trous provenus des points de ses dés, de *tenir* ou de *s'en aller;* on est obligé de *tenir* quand le trou ou les points pour l'achever, proviennent du dé de l'adversaire.

84. — *Ternes*, signifie les deux *trois*, quand ils viennent ensemble.

85. — *Tour de Trictrac*. Il faut douze trous pour gagner le *tour*, qui signifie la *partie* entière.

86. — *Tourner une case*, ou *revirer*, se dit quand d'une *case* déjà faite, on ôte une dame pour en composer une autre *case* entière, en y joignant une autre dame. Les bons joueurs ne négligent pas cette occasion quand elle se présente.

87. — *Tout-à-bas*. On se sert de ce terme quand, pour exprimer les points des dés, on abat ou joue deux dames des *piles*.

88. — *Tout d'une*, se joue d'une seule dame des *piles*, ou par *transport*, lorsqu'elle est abattue.

89.—*Transport*. On appelle *jouer par transport* toutes les dames qui sont abattues des *piles*, dont on fait des *cases* ou *demi-cases*.

# CHAPITRE X

## TARIF DE LA VALEUR DES DIFFÉRENTS COUPS CONTENUS EN CE TRAITÉ

Le jan de trois coups vaut ............ 4
Le jan de deux tables vaut par simple... 4
Par doublet.......................... 6
Le contre-jan de deux tables vaut par simple.............................. 4
Par doublet.......................... 6
Le jean de méséas par simple........... 4
Par doublet.......................... 6

*Tous les Jans.*

Remplir quelque jan que ce soit vaut par simple.............................. 4
Par doublet.......................... 6
Remplir de deux façons................. 8
Remplir de trois façons................ 12
Remplir de deux façons par doublet..... 12

Tant que l'on conserve, pour chaque coup que l'on joue par simple.............. 4
Par doublet............................ 6

*Dames battues dans la table du petit-jan.*

Chaque dame battue dans la table du petit jan, d'une façon par simple........... 4
De deux façons........................ 8
De trois façons........................ 12
Pour doublet d'une façon.............. 6
Par doublet de deux façons, autrement dit par double doublet.................... 12

*Dames battues dans la table du grand-jan.*

Chaque dame battue dans la table du grand jan d'une façon par simple.............. 2
De deux façons........................ 4
De trois façons........................ 6
Par doublet d'une façon................ 4
Par double doublet.................... 8
Battre le coin par simple............... 4
Par doublet............................ 6
Pour chaque dame qu'on ne peut jouer, on perd.................................. 2
Il n'importe que le coup de dés soit simple ou doublet; mais l'on est obligé de jouer

le plus gros nombre quand on le peut.

Celui qui a levé le premier au jan de retour, gagne, lorsque son dernier coup est simple.............................. 4

Par doublet.......................... 6
et a le dé pour recommencer.

Jan qui ne peut, ou chaque dame battue-à-faux, vaut autant à l'adversaire qu'elle eût valu au Joueur, s'il l'eût battue pour lui.

Les écoles sont toutes d'autant de points qu'en a oubliés, ou qu'en a marqués de trop celui qui les a faites.

FIN DU JEU DE TRICTRAC

# JEU

# DU JACQUET

On joue le Jacquet dans le même tablier que que le Trictrac. Chaque joueur a, comme au Trictrac, l'un quinze dames noires, l'autre, quinze dames blanches, un cornet et deux dés. Les jetons n'y sont d'aucun usage parce qu'il n'y a pas lieu de marquer des points, mais on peut se servir de *marques* pour indiquer les parties que l'on gagne.

Chacun des joueurs met ses quinze dames en trois piles, sur la première flèche à la gauche de son adversaire ; cela est nommé le *talon*.

Pour savoir qui commencera, chacun des joueurs jette un dé ; c'est au plus haut point à jouer le premier, à moins que, par convention, celui qui amène le point le plus élevé ne marque ceux amenés par son adversaire et par lui. Si les points présentés par l'un et l'autre dé sont les mêmes, on recommence l'épreuve.

Tous les incidents auxquels peuvent donner

*Position des dames avant de commencer une partie.*

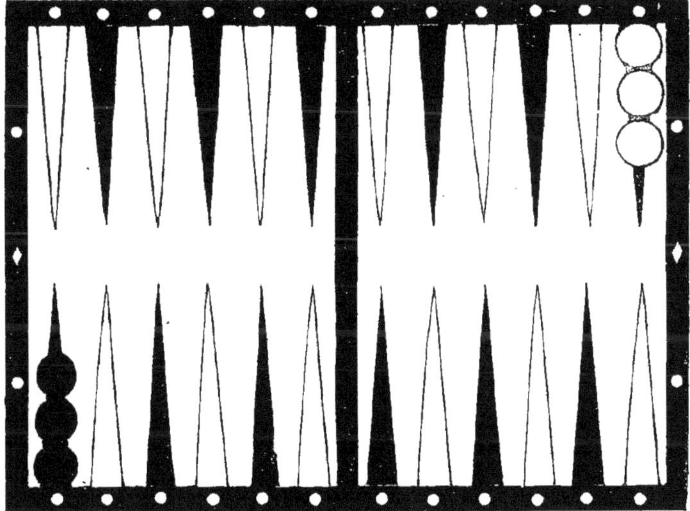

lieu le jet des dés, leur position après le jet, etc. sont soumis aux lois établies pour le Trictrac : Le coup est nul lorsqu'un dé mal lancé ne tombe pas dans un des compartiments du tablier, ou encore lorsqu'un dé ne se trouve pas posé d'aplomb, ce qui se nomme un dé cassé.

Le but unique qu'on se propose au *Jacquet* consiste, en faisant parcourir aux dames le tour du tablier ou boîte, à les faire venir le premier toutes dans le compartiment de droite de chaque joueur, et de les en faire sortir ; à ce succès est attaché le gain de la partie.

Pour commencer, on fait marcher une dame, elle doit parvenir à la droite du joueur. On lui donne le nom de *courrier*, et lorsqu'elle est arrivée à la droite du joueur, on joue avec les autres dames, soit avec une ou avec deux.

Pour qu'une dame soit jouée, il faut qu'elle soit placée et abandonnée ; au trictrac, pour être obligé de jouer une dame, il suffit de l'avoir touchée.

Le joueur doit diriger la marche de ses dames, de droite à gauche pour les amener à la table de sortie. Après leur avoir fait faire le tour du tablier, on les sort suivant les règles indiquées ci-après.

Quoique les règles pour la sortie des dames soient, comme nous venons de l'exposer, les mêmes qu'au Trictrac, la méthode et la conduite ne sont pas les mêmes. Au *Jacquet*, elles exigent des mesures de précaution qu'elles ne demandent pas au Trictrac. Une imprévoyance peut faire perdre une partie dont le gain aurait été infaillible.

Les calculs qui dérivent de l'analyse des dés du trictrac sont applicables au *Jacquet* pour connaître les différentes manières de jouer.

C'est ainsi qu'on fait marcher les dames selon les points amenés par les dés, et la flèche sur laquelle une dame est posée ne comptant pas, le joueur ne peut se poser que sur une flèche libre ou occupée par lui-même.

Exemple : Si l'on amène 5 et 4, si l'on compte 5 et 4 flèches avec la même dame, alors le point de halte du 5 ou du 4 doit être inoccupé ou l'être par celui qui joue, ou bien, selon que l'on trouve la chose plus avantageuse, on joue 5 avec une dame et 4 avec une autre.

Nous pensons qu'il est utile aux amateurs du *Jacquet* d'en connaître les calculs afin d'en faire une juste application, surtout dans les coups ou leur utilité est d'une grande importance.

Nous devons aussi faire observer que la règle du *Jacquet* exige que chaque doublet, comme *bézet*, *double deux*, etc., se joue double, c'est-à-dire qu'au lieu de jouer deux fois le nombre élémentaire de chaque doublet, ce nombre élémentaire se joue quatre fois ; ainsi, pour un *sonnez*, on joue vingt-quatre points au lieu de douze ; il en résulte nécessairement une différence dans le nombre des chances que donne chaque point combiné.

A l'aide de ces calculs, le joueur peut connaître combien il a de chances pour battre son adversaire.

On doit toujours marquer tous les points amenés par les dés, et pour cela donner la pré-

9

férence à la dame qui rend la marche possible à défaut d'autres.

Pour la sortie des dames, si le point amené par les dés est un *doublet*, le coup est quadruple. Cette sortie se fait ainsi : Un joueur a toutes ses dames rentrées dans la quatrième partie du tablier; si dans cette position, il amène 6 et 3 : il sort, pour le 6, la dame qui se trouve sur la première flèche à gauche, et pour le 3, la dame qui se trouve sur la quatrième flèche, également par la gauche, etc.

Supposant qu'on n'ait plus de 6, on peut faire sortir le 5 pour le 6, et ainsi de suite.

Mais, si, n'ayant pas de dame sur la case des 4, le joueur amenait un 4, il serait forcé de jouer les 5 ou les 6, sans pouvoir les faire sortir.

La finesse du jeu de *Jacquet* consiste à contrarier le jeu de l'adversaire. Les joueurs doivent par leurs calculs arriver à se former une position avantageuse, mais contraire à leur adversaire. Attendu que quatre premières cases contiguës forment une position plus avantageuse que cinq cases qui ne seraient pas liées, si le joueur a cinq dames rangées sur les flèches contiguës, l'adversaire ne peut passer que difficilement à moins qu'il ait *grand jeu*, et son jeu est retardé. Le meilleur moyen de boucher le jeu est de le faire par une ou plusieurs flèches en retour.

*Position avantageuse du commencement d'une partie.*

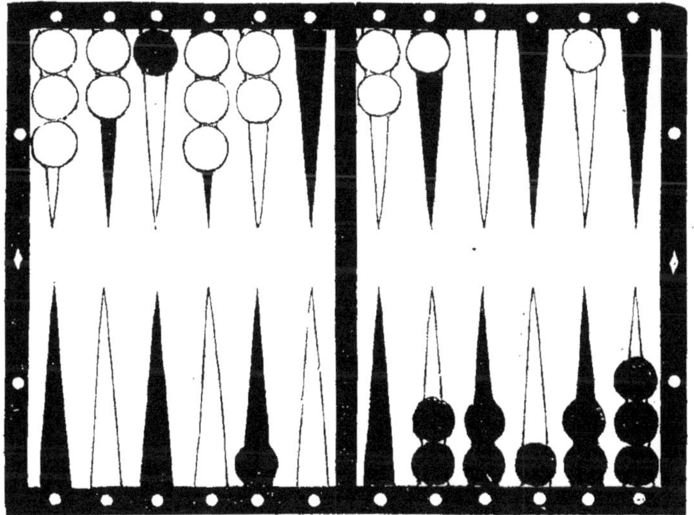

Le joueur doit en conséquence s'occuper des moyens d'accélérer la marche de son jeu. Il doit toujours ménager ses correspondances afin de ne pas être bouché, ou dégarni par un *coup simple* ou par un *doublet*.

Si l'un des joueurs est bouché de telle sorte qu'il ne puisse sortir toutes ses dames du tablier qui contient le talon, les dames restantes se nomment *cochonnets*. Celui à qui il en reste seulement un a perdu la partie.

Le joueur qui le premier est parvenu à faire sortir toutes ses dames, a gagné.

On joue généralement à gagner la partie simple.

*Coup du Cochonnet.*

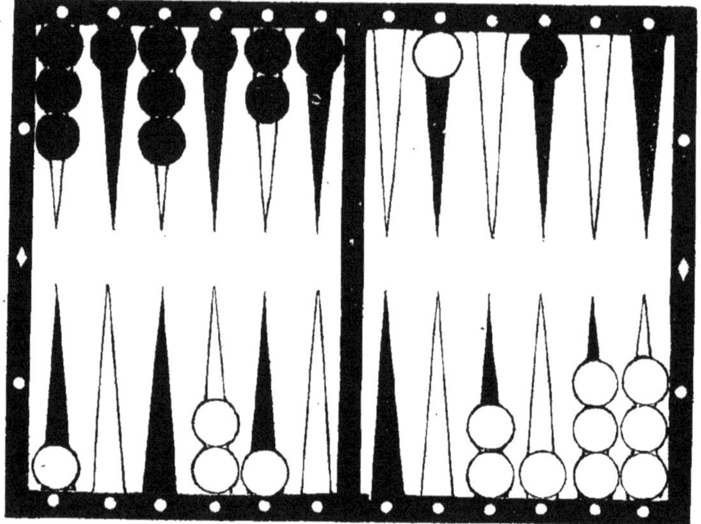

Le payement double est quelquefois adopté parmi les joueurs.

Par convention, la partie sera perdue triple, s'il reste des dames dans la troisième partie du tablier, et dans la case du talon la partie serait perdue quadruple : coup du *cochonnet.*

Il est donc utile au joueur d'avoir beaucoup de prévoyance pour diriger la conduite de son jeu.

FIN

PARIS. — IMPRIMERIE DE E. MARTINET, RUE MIGNON, 2

DELARUE, libraire, rue des Grands-Augustins, 3

# CATALOGUE

Les ouvrages portés au présent catalogue seront envoyés par la poste, les demandes doivent en être faites par lettres *affranchies* et contenir le montant en timbres de **25** centimes, ou en un mandat sur la poste. Il faut ajouter 15 centimes par franc pour l'affranchissement.
Pour les envois par chemin de fer, envoyer seulement le prix des livres demandés ; le port sera payé par l'acquéreur à la réception. Il n'est point fait d'envoi en remboursement.

## MAGIE BLANCHE

**LE MAGICIEN DES SALONS**, ou le Diable couleur de rose. Recueil nouveau de tours d'escamotage, de physique amusante, de chimie récréative, tours de cartes, etc. Nouvelle édition, illustrée d'un grand nombre de figures sur bois gravées avec le plus grand soin. Un beau vol. in-12, avec 200 figures. 3 fr. 50

**LES MILLE ET UN AMUSEMENTS DE SOCIÉTÉ**. Recueil de tours d'adresse ou d'escamotage, de subtilités ingénieuses, de récréations mathématiques, d'expériences tirées de la physique, de tours de cartes, etc. : ouvrage orné de 130 gravures pour l'intelligence du texte, dédié aux personnes qui veulent s'amuser et divertir les autres à peu de frais. Gros vol. in-18. 2 fr.

**LES MILLE ET UN TOURS DE PHYSIQUE AMUSANTE DÉVOILÉS**, pour faire suite aux Mille et un Amusements de Société publiés par BLISMON (de Douai). Édition ornée de gravures. 2 fr

## SONGES

**LA CLEF DES SONGES**, ou explication des songes, rêves, visions, par Mlle LEMARCHAND, auteur du *Grand jeu de l'oracle des dames, etc.* Un joli volume imprimé avec le plus grand luxe, nombreuses vignettes, papier superfin glacé, jolie couverture. 3 fr. 00

**LA PRESCIENCE**, ou grande interprétation des songes, des rêves et des visions. Traité curieux extrait de tous les ouvrages des auteurs anciens et modernes qui se sont adonnés à l'étude et à l'explication des sciences occultes. Un très-joli volume in-12. 3 fr. 50

**LE GRAND TRAITÉ DES SONGES**, ou explication complète, claire et facile des rêves, visions, apparitions, oracles et inspirations nocturnes, tiré des traditions de JOSEPH, DANIEL, APOMAZOR, ARTÉMIDOR et autres savants *Grecs*, *Égyptiens*, *Arabes* et *Persans*. 50 gravures. 1 fr. 25

## PROPHÉTIES

**LES PROPHÉTIES DE MICHEL NOSTRADAMUS**, dont il y a trois cents qui n'ont encore jamais été imprimées, ajoutées de nouveau par ledit auteur. Édition augmentée des prophéties et révélations de sainte BRIGITTE, saint CYRILLE, etc., et à laquelle on a joint : *Les prophéties de Thomas Joseph Moult*. Un magnifique volume imprimé avec luxe. 3 fr. 50

## CARTOMANCIE

**LA VÉRITABLE CARTOMANCIE** expliquée par la célèbre sibylle française. Nouvelle édition ornée de 1750 figures. Un joli volume format in-16, broché. 6 fr.

**LE GRAND ETTEILLA**, ou art de tirer les cartes, contenant : 1° Une introduction rappelant l'origine des cartes ; 2° l'indication des tarots qui composent le véritable livre de THOT ; 3° une méthode au moyen de laquelle on peut apprendre soi-même sa destinée, etc., par Julia ORSINI. In-12, 78 figures. 5 fr.

**LE GRAND JEU** des 78 tarots égyptiens, ou livres de Thot, 78 cartes dans un étui. 6 fr.

**LE GRAND JEU DE L'ORACLE DES DAMES**. 78 cartes-tarots imprimés en chromo-lithographie, à l'imitation des miniatures du XVe siècle, renfermées dans un étui et accompagnées d'un livret explicatif, par Mlle LEMARCHAND. 10 fr.

**L'ORACLE PARFAIT**, ou le passe-temps des dames. *Art de tirer les cartes*, avec explication claire et facile de toutes les cartes du jeu de piquet, leur interprétation et signification, d'après ETTEILLA et Mlle LENORMAND. Joli volume, impression de luxe, papier superfin glacé. 3 fr.

## ORACLES

**LE GRAND ORACLE DES DAMES ET DES DEMOISELLES**, conseiller du beau sexe, répondant à toutes les questions sur les événements et situations diverses de la vie. Nouvelle édition, revue, corrigée et augmentée d'après les manuscrits des savants : LAVATER, ETTEILLA, Julia ORSINI, etc, par Mlle LEMARCHAND. Un beau volume imprimé avec soin. Couverture en rouge et noir. 2 fr.

**L'ORACLE DES DAMES** et des demoiselles, conseiller du beau sexe, répondant etc., par OLIVARIUS. 1 fr.

**LE PETIT ORACLE DES AMANTS**, ou les horoscopes de l'amour. La plupart mise en rebus. Douze à quinze cents petites figures. 1 fr.

## JEUX

**MANUEL DU JEU DE BILLARD**, par Désiré LEMAIRE. Magnifique volume in-8, 42 planches en couleur, papier superfin glacé, impression de luxe. 5 fr.

**ACADÉMIE DES JEUX**, contenant la règle des jeux de calculs et de hasard, et généralement tous les jeux connus, anciens et nouveaux, jeux de famille, des cercles, des eaux, etc., et mis en ordre par BONNEVEINE. Un volume format anglais, nombreuses vignettes, papier superfin glacé, caractères neufs. 3 fr. 50

**TRAITÉ DU JEU DE DAMES**, par MANOURY. Édition augmentée de nombreuses figures pour faciliter l'intelligence du texte. Joli volume, impression de luxe. 1 fr.

**TRAITÉ ILLUSTRÉ DU JEU DE PIQUET**, contenant les principes et les règles du jeu de piquet, par ROBERT. Un joli volume. 1 fr.

**TRAITÉ ÉLÉMENTAIRE DU JEU DE WHIST**, contenant les principes de ce jeu, les règles qui lui sont propres, ainsi que les combinaisons les plus utiles pour apprendre en peu de temps à y jouer dans toute la perfection possible, par BERNARD. Un volume, papier glacé. 1 fr.

**TRAITÉ DU JEU DE TRICTRAC**. Nouvelle édition augmentée du jeu du *Jacquet*, par RICHARD. Un joli volume, nombreuses figures. 1 fr.

**LEÇONS ÉLÉMENTAIRES SUR LE JEU DES ÉCHECS**, par M. l'abbé VÊTU. 2 vol., 125 planches en couleur. 6 fr.

**ANALYSE DU JEU DES ÉCHECS**, par PHILIDOR. Nouvelle édition, illustrée de 50 planches, coups difficiles, fins de partie, etc. 3 fr. 50

**MANUEL DE L'AMATEUR DU JEU DES ÉCHECS**, avec un poëme par Ceruti, une notice par Jaucourt, les règles, etc., par STEIN. 1 volume. 34 figures. 5 fr.

**TRAITÉ THÉORIQUE ET PRATIQUE DU JEU DES ÉCHECS**, par UNE SOCIÉTÉ D'AMATEURS. 3e édition. 4 fr. 50

**LE JEU DES ÉCHECS**, par Gioachino GRECO, *dit le Calabrais*. Nouvelle édition, imprimée avec le plus grand soin. 3 fr. 50

**LE JEU DES ÉCHECS**, selon la méthode de Philippe STAMMA. In-12, 103 planches. 5 fr.

**NOUVEAU TRAITÉ DU JEU DES ÉCHECS**, par DE LA BOURDONNAIS. 1 volume in-8, 60 planches. 25 fr.

Cet ouvrage est épuisé depuis longtemps.

**LIVRE POUR APPRENDRE A JOUER AU JEU DES ÉCHECS**, par DAMIANO, traduction nouvelle par C. Sanson. 90 figures, fins de partie, 1 beau vol. 1 fr. 50

**LA RÈGLE**, la marche, termes explicatifs, conseils et fins de parties du jeu des échecs, par PHILIDOR, recueillies par Bonneveine. In-12 illustré. Broché. 1 fr.

**LA RÈGLE** du jeu des échecs, in-12. » 50

## CHANSONS

**LA FLEUR DES CHANSONS FRANÇAISES**, choix de chansons comiques, romances, chansonnettes, rondes, vaudevilles, contes et fables en chansons, etc., etc. Beau volume petit in-8, illustré de 100 magnifiques vignettes par les premiers artistes, broché. 3 fr. 50
Relié dos chagrin, tranches dorées. 5 fr.

**RECUEIL DES PLUS JOLIES CHANSONS**, romances, chansonnettes des auteurs anciens et modernes. Un joli volume in-32. 1 fr.

**CHANSONS CHOISIES DE PIRON**, Collé, Gallet, Favart, Latteignant, Grécourt, Sedaine, Panard, etc., etc. Un joli volume in-32. 1 fr.

**ALBUM POÉTIQUE**, ou choix de romances et de chansons des auteurs les plus anciens; recueillies par J.-P. Charrin, membre de plusieurs Académies, convive fondateur des *Soupers de Momus*. Paris, imprimerie *Jules Didot*. Un beau volume in-18, papier superfin satiné. 2 fr. 50

**ALBUM MUSICAL**, 48 chansons, romances, etc., avec les airs gravés. Jolies vignettes. Terminé par un souvenir où sont représentées les plus jolies femmes de France : Lavallière, Montespan, Ninon de Lenclos, etc. Un joli volume gravé entièrement, cartonnage Bradel, au lieu de 6 fr. 3 fr.

**L'AMI DE LA FAMILLE**, couplets pour fêtes, naissances, anniversaires, etc. Un joli volume in-32. 1 fr.

**CHANSONS DE NOCES** (Recueil de). Couplets et chansonnettes à l'occasion des mariages, baptêmes, anniversaires, etc. Un joli volume in-32. 1 fr.

**LE CHANSONNIER GALANT**, ou la lyre française. Un fort beau volume in-18. 2 fr.

**LES FLEURS DU PARNASSE**. Almanach lyrique des dames. Joli volume avec vignettes. 2 fr.

**ESPRIT ANACRÉONTIQUE DES POETES FRANÇAIS**. Recueil très-complet de chansons, par les auteurs les plus célèbres, anciens et modernes. 1 volume, papier vergé. 2 fr.

**LE CHANSONNIER FRANÇAIS**, contenant un choix des plus jolies chansons des auteurs du bon vieux temps : Piron, Collé, Gallet, Dorat, l'Atteignant, Panard, etc. Un volume in-18. » 50

## JARDINAGE

**MANUEL THÉORIQUE ET PRATIQUE DU JARDINIER**, contenant les connaissances élémentaires de la culture ; l'organisation des plantes, leur fécondation et leur multiplication ; les époques de semis, la taille des arbres, la description et la culture des plantes potagères, aromatiques et économiques ; des arbres fruitiers, arbres, arbrisseaux et arbustes d'ornements ; les plantes d'ornement, plantes d'orangerie, de serre chaude et tempérée ; suivi d'un Dictionnaire des termes de jardinage et de botanique, d'une table analytique des matières, par PIROLLE. Nouvelle édition, revue et augmentée par MM. Noisette et Boitard, chevaliers de la Légion d'honneur, membres de plusieurs sociétés savantes. Illustré de 150 vignettes par Thiébault. Un gros volume in-12 de 672 pages, broché. 5 fr.

**MANUEL ILLUSTRÉ DU JARDINIER FLEURISTE**, par Victor BRÉANT et BOITARD. Gros volume in-18 grand raisin, nombreuses gravures coloriées représentant les fleurs les plus recherchées pour l'ornement des jardins. 5 fr.

Ce volume traite spécialement de la culture des fleurs et arbustes d'ornement.

**MANUEL DU JARDINIER**, contenant tout ce qui concerne la culture des jardins potagers, fruitiers et fleuristes, la taille des arbres, etc., par Vincent LUCAS. 50 gravures. Un joli volume in-12. 3 fr.

## FLEURS ARTIFICIELLES

**ART DE CONFECTIONNER LES FLEURS ARTIFICIELLES**. Édition dédiée aux dames par Mme B***. Un volume format in-18, orné d'un grand nombre de gravures. 3 fr. 50

**L'IMITATION DES FLEURS** rendue facile, par le même auteur. Un volume, nouvelle édition avec figures. 2 fr.

Ce volume traite des roses à la minute, fleurs en papier, petits ouvrages en fleurs, etc., etc.

## CUISINE

**MANUEL COMPLET DE LA CUISINIÈRE** contenant : un Guide pour les personnes en service, les soins du ménage, des appartements, de la vaisselle, du linge, etc., etc., le service de la table suivant le nombre des convives, la carte des mets et des vins de chaque service, la manière de découper ; mille recettes gastronomiques, ou résumé général des cuisines française, italienne et anglaise ; la pâtisserie, les confitures de différentes espèces, les liqueurs, sirops, glaces, limonades, eau de Seltz, etc., par Mlle CATHERINE. 50e édition. Un gros volume in-12, avec un grand nombre de figures. 3 fr

## CORRESPONDANCE

**LE SECRÉTAIRE GÉNÉRAL**, contenant des modèles de pétitions à adresses aux ministres, aux préfets, avec des instructions relatives à tous les usages de la correspondance ; lettres de fête, de bonne année, de condoléance, de recommandation, de félicitation, de remerciments ; lettres d'affaires et de commerce, modèles de lettres de change, billets à ordre, effets, promesses, obligations, quittances de loyer, lettres de voiture, billets d'invitation, lettres d'amour, déclarations, demandes en mariage, instructions relatives aux correspondances nuptiales ; lettres de faire part, de naissance, de mariage et de décès. Suivi de lettres de Mme de Sévigné, Voltaire, Rousseau, etc., etc. Ouvrage rédigé et mis en ordre par PRUDHOMME. 60e édition, suivant le cérémonial français. Un beau vol. in-12, avec un tableau colorié. 3 fr.

## AFFAIRES

**GUIDE EN AFFAIRES**, ou la loi mise à la portée de tout le monde par PRUDHOMME, contenant : un traité de l'application des lois, droits civils, décès, actes de l'état civil. Naissance, mariage, contrat de mariage, publications, dispenses, opposition, droits et devoirs des époux, filiation légitime, régime de la communauté, conventions matrimoniales, régime dotal, biens paraphernaux, séparation de biens, séparation de corps. Tutelle, adoption, absence, majorité, interdiction, conseil judiciaire, domicile. Des biens, de la propriété, nue propriété, usage et habitation, servitudes, comment on acquiert la propriété. Obligations, de l'effet des contrats et obligations. Vente, vente à réméré, licitation, échange, louage, voituriers et maître de bateaux, devis, marchés, cheptel, société, du prêt, rentes, dépôt, contrats aléatoires, mandat, cautionnement, transaction, nantissement, priviléges et hypothèques, expropriation, prescriptions, successions, donations, testaments. Un fort vol. in-12, papier fin glacé, cartonnage solide. 3 fr. 50

**FORMULAIRE GÉNÉRAL DE TOUS LES ACTES, SOUS SEING PRIVÉ**, que l'on peut faire soi-même, tels que : arbitrages, alignement, contrat d'apprentissage, arrêté de compte, atermoiement, bail, bilan, billets, bornage, caution, certificat, cession de biens, compromis, congé, contre-lettre, convention, décharge, dépôt, désistement, devis, demande de dispenses, échange, états de lieux, expertise, gage, mandat, mitoyenneté (actes concernant la), partage, pension alimentaire, plainte, quittance, société, testament, transaction, transport, tutelle, vente ; avec une instruction spéciale à chacune des affaires auxquelles se rapportent les actes par PRUDHOMME. Un beau vol. in-12. 3 fr.

**COMPTES FAITS OU NOUVEAU BARÊME**, contenant : 1° comptes faits calculés depuis un centime jusqu'à dix mille francs ; 2° un traité élémentaire d'arithmétique ; 3° le système métrique expliqué, cubage, arpentage, etc.; 4° la tenue des livres, des tableaux de comptes d'intérêts, depuis 3 jusqu'à 10 pour 100, mis en ordre par PRUDHOMME. Un beau volume. 2 fr. 50

## BIBLIOTHÈQUE CHOISIE POUR LA JEUNESSE

*Éditions splendidement illustrées*

**FABLES DE J. DE LA FONTAINE**, format anglais. 2 vol illustrées d'environ 100 vignettes, par Pauquet, papier superfin glacé, impression de luxe. Prix, broché, les 2 vol. réunis. 3 fr. 50
Toutes les figures coloriées. 7 fr.

**LES FABLES DE FLORIAN**, format anglais. 1 vol. illustré d'environ 50 vignettes, par Pauquet. 2 fr. 50
Toutes les vignettes coloriées. 4 fr.

**LES CONTES DE PERRAULT**. même format. 1 vol. illustré d'environ 50 vignettes par Henri Émy. 2 fr. 50
Toutes les figures coloriées. 4 fr.

**LE MAGASIN DES ENFANTS**, par Mme LEPRINCE DE BEAUMONT. 1 gros vol., format anglais, 120 vignettes, par Télory, papier glacé. Broché. Couverture illustrée. 3 fr. 50
Relié. 5 fr.

**PAUL ET VIRGINIE**, par BERNARDIN DE SAINT-PIERRE. 1 beau vol., format anglais, vignettes par les premiers artistes, impression de luxe. Broché. 3 fr. 50

**LE VICAIRE DE WAKEFIELD**, traduit de l'anglais. 1 vol. petit in-8, vignettes anglaises. Broché. 3 fr. 50
Relié. 5 fr.

**VOYAGES DE GULLIVER**, format anglais. 1 vol. illustré d'environ 150 vignettes, par H. Émy, papier superfin glacé, impression de luxe, broché. 3 fr. 50
Relié. 5 fr.

**CONTES CHOISIS** de Mme LEPRINCE DE BEAUMONT, format anglais. 1 vol. illustré. 2 fr. 50
Relié. 4 fr.

**CONTES** de Mme D'AULNOY, format anglais. 50 vignettes, papier glacé, broché. 2 fr. 50
Relié. 4 fr.

**DON QUICHOTTE DE LA MANCHE**, traduction nouvelle par Rémond,

128 vignettes par Télory. 2 beaux volumes format anglais, papier fin glacé, broché. 4 fr.
Jolie reliure, en un volume. 5 fr. 50

**HISTOIRE DE FRANCE**, par Jules Rostaing. Un très-gros volume illustré de 75 portraits gravés avec le plus grand soin. 3 fr. 50
Jolie reliure. 5 fr.

## ALBUMS

**LES CONTES DE PERRAULT**. Un splendide volume in-4, encadrements en couleur, nombreuses illustrations, papier satiné. 3 fr.

**LE PREMIER LIVRE DE MON FILS**, entièrement colorié. 1 fr.

**LE PREMIER LIVRE DE MA FILLE**. Même type. 1 fr.

Albums assortis in-4 et in-8 ; alpnabets se dépliant ; petits livres de lecture.

## PETITE BIBLIOTHÈQUE OMNIBUS

*Chaque volume : 1 franc*

Recueil de Contes à rire.
Recueil des plus jolies chansons françaises.
Académie des Jeux.
Recueils de Calembours.
Chansons choisies de Piron.
La Malice des Femmes.
Recueil de Charades.
Trésor des bons mots.
Recueil de Proverbes.
Recueil de Caquets.
Poésies joviales.
Fables de Florian.
Trésor de Curiosités.
Éloge de l'Ivresse.
Facéties et Naïvetés épistolaires.
Anecdotes de Jurisprudence.
Bons Mots sur la Gastronomie.
Variétés littéraires.
Trésor des Singularités.
Anecdotes comiques.
Histoires amusantes, scandaleuses.
Trésor de Gasconnades.
Anecdotes sur le Tabac (Tabaciana).
Énigmes et Charades.
Trésor des Arlequinades.
Manon Lescault.
Chansons de noces.

*Adresser les demandes par lettres affranchies à M. Delarue, libraire-éditeur, rue des Grands-Augustins, n° 3, à Paris.*

PARIS. — IMPRIMERIE DE E. MARTINET, RUE MIGNON, 2

PARIS. — IMPRIMERIE DE E. MARTINET, RUE MIGNON, 2

www.ingramcontent.com/pod-product-compliance
Ingram Content Group UK Ltd.
Pitfield, Milton Keynes, MK11 3LW, UK
UKHW021212220726
13924UKWH00003B/1488